PRÉFACE

Qui aurait imaginé, lorsque Léopold Sédar Senghor me demanda, en 1963, de diriger son cabinet à la présidence de la République du Sénégal, que j'accomplirais, quelques décennies plus tard, l'un de ses vœux les plus chers, celui de promouvoir la francophonie ? J'en tire, à l'occasion de la célébration du centenaire de sa naissance, en 2006, une authentique fierté. Je mesure l'honneur, d'abord comme haut fonctionnaire, ministre, puis comme Premier ministre, d'avoir été à ses côtés pendant tant d'années et enfin de lui avoir succédé à la tête de l'État. Mais au-delà des souvenirs que m'inspire la lecture de l'ouvrage de Jean-Michel Djian, c'est, en le lisant, de constater à quel point le Poète Président était un homme d'exception.

Le voilà, ici, raconté autrement : dans sa complexité. Celui qui fut mon maître et père spirituel était, d'abord et avant tout, un amoureux de la langue française. Le verbe était son arme, la rhétorique un outil pour convaincre. La grammaire ? Elle était une école du langage et de la perfection. Son éloquence, si jalousée, participait de cette conception de la politique qui permettait de rêver un monde plus juste, plus humain. Son ambition à faire de la « civilisation de l'universel » *un dessein politique, noble et conquérant, n'avait rien d'utopique. N'était-ce pas, au fond, une version humanisée de cette mondialisation qu'il pressentait ? C'était un visionnaire. Combien de fois l'ai-je entendu parler de dialogue des cultures, de diversité culturelle, de* « détérioration des termes de l'échange » *à des hommes et à des femmes, souvent plus préoccupés d'idéologie et de profit que d'humanisme ou de fraternité.*

La francophonie est née aussi de sa volonté. Elle n'est pas seulement le fruit d'une langue partagée par deux cents millions d'individus, d'une des deux langues parlées sur les cinq continents. Le français exprime aussi une philosophie, une culture, des valeurs. Les pays francophones ont en commun, pour le meilleur et pour le pire, une Histoire, qu'ils l'aient voulue ou, dans le cas de la colonisation, qu'ils l'aient subie. Cette Histoire nous a laissé en héritage indivis des valeurs qu'il nous appartient de défendre et de promouvoir dès lors qu'elles sont au service de la justice et du progrès de l'humanité. Nous avons reçu en partage la philosophie des Lumières, les idéaux de la Révolution, l'aspiration à davantage d'égalité, de liberté, de fraternité. Il nous appartient de faire fructifier cet héritage, en l'enrichissant des valeurs issues des autres pays francophones et des leçons que nous avons tirées de cette histoire commune, et en l'adaptant aux réalités du monde d'aujourd'hui, si terriblement dépourvu d'idéal.

C'est la leçon qu'il faut retenir de l'œuvre poétique et politique de Senghor : nous sommes ses héritiers dans la mesure où nous ne voulons pas d'un monde uniforme. Nous ne sommes pas opposés à la mondialisation, mais nous voulons un monde solidaire, un monde où le dialogue des cultures soit possible. Et pour que ce dialogue entre cultures existe et soit fécond, il faut une pluralité des forces de création, belles et innovantes, qui puissent s'enrichir de leurs différences. En ayant eu le courage de défendre les valeurs du français, Léopold Sédar Senghor a travaillé pour nos libertés. Cet homme mérite d'être célébré.

Abdou Diouf

LÉOPOLD SÉDAR SENGHOR

GENÈSE D'UN IMAGINAIRE FRANCOPHONE

SON VISAGE NÈGRE ÉMACIÉ LAISSE PERCER LE SOULAGEMENT DES ORGUEILLEUX. IL Y A CRU. IL A VAINCU LA MEUTE DES FRILEUX, DES PRÉTENTIEUX ET DES JALOUX. IL A GAGNÉ. La raison rejoint, comme il l'a voulu, son intuition.

Ici, à Niamey, en ce mois de mars 1970, il acte, il crée. Léopold Sédar Senghor instaure la francophonie. Désormais, vingt et un pays décident officiellement de partager les valeurs d'une même langue, le français. Il vient, lui, l'enfant de Djilor, le jeune freluquet brillant des bancs de Louis-le-Grand, le président en exercice de la République du Sénégal, le futur académicien grammairien du Quai Conti, de reconquérir le français. Puisque la patrie gaulliste semble un peu trop se contenter de distiller sa langue et ses valeurs, lui se chargera de les magnifier. Le professeur agrégé des belles-lettres en avait fait son territoire de conscience, sa source de légitimité intellectuelle; elles deviendront son dogme.

Et voilà qu'il se remet à courir après son Graal éternel de la « civilisation de l'universel », cette quête infinie d'un bonheur abstrait. La négritude est déjà derrière. Puisqu'elle piétine devant les portes du paradis terrestre, faute d'une armée de poètes combattants capables d'en découdre avec l'arrogance de l'Occident, il va *in petto* la fondre dans la modernité. Lui, le « chevalier des idées fixes », soutient que, dans le paradigme humaniste du « donner et [du] recevoir », le siècle des Lumières a encore de beaux restes. Il suffit d'en être l'héritier inconditionnel, de s'affranchir des imbéciles et de s'armer de poésie. La politique, cette science grecque qu'il célèbre et exècre à la fois, sera son cheval de Troie, aveuglé qu'il est par le destin sacré d'une langue et d'une culture.

2. À Téhéran, lors de la commémoration de la fondation de l'Empire perse, en 1971.

3. Buste de Senghor érigé en face de sa maison natale à Joal.

Il en faut de la foi, de la force et de l'amour pour incarner à ce point les vicissitudes de l'Histoire et, d'une niche présidentielle flanquée au finistère de l'Afrique, dire tout haut à son peuple que parler le wolof, la langue vernaculaire majoritaire du pays, c'est bien, mais insuffisant ; et d'oser affirmer que Dieu existe, quand on est animiste. Il en faut du courage pour proclamer que le meilleur moyen d'éviter la révolution, c'est de la faire soi-même.

Celle à laquelle se réfère Senghor remonte à 1889. Cette année-là, le philosophe Henri Bergson démontrait que l'intuition est une vertu cardinale de la pensée humaine. Lorsque le poète découvre qu'un homme, cent ans après la Révolution française, fut capable de s'affranchir de la raison discursive dominante pour écrire son *Essai sur les données immédiates de la conscience,* le visionnaire trouve en lui son complice. Le métissage sensuel des peuples est donc possible. Naïf ou visionnaire ? Idéologue contrarié par le double dictat impérial d'un communisme et d'un capitalisme arrogants, ou Don Quichotte éclairé des esprits libres mais désarmés, à qui personne ne demande jamais de penser le monde ? Comment, dans ces conditions, son peuple a-t-il pu le porter si haut, s'il ne croyait pas lui-même à cette incarnation vivante de la démocratie africaine ? Lui, le prisonnier des convenances, le magicien du verbe clair, s'agrippe au flanc des idéaux pour mieux les embrasser, tandis qu'il crapahute en silence à seule fin de mieux respirer l'air des libertés. Entre le ciel et la terre, Senghor a trouvé les cimes de son magistère : un non-lieu fixé au sud à partir duquel le poète fait une œuvre politique, un non-lieu fixé au nord à partir duquel l'homme politique fait œuvre de *poïësis.* Chacun y verra une renaissance du « royaume d'enfance » comme son indicible propension à chercher, à l'âge des illusions perdues, l'espoir

4. ***Hosties noires*, deuxième recueil de poèmes de Senghor, Seuil, 1948. Édition originale.**

de tordre le coup à la civilisation de l'Apocalypse.

Senghor traverse un XXe siècle de génie et de sang en chevauchant les obstacles les plus fratricides, en s'immisçant dans les interstices artistiques et littéraires les plus prometteurs ; puis, avec la constance d'un sage, il trouvera, *in fine,* aux frontières de cet Occident convulsif et prédateur, sa juste place pour prédire. En tutoyant à peine le XXIe siècle, il nous fait comprendre que le temps ne s'arrête pas. Le philosophe prospectiviste Gaston Berger, métis franco-sénégalais, le lui avait dit : le futur est une éprouvante constante avec laquelle il vaut mieux composer. Quand il a vu les hommes se haïr et se tuer par millions, lui, le soldat poète de la France combattante, s'est mué en parangon de la fraternité internationale. *Hosties noires*, l'œuvre poétique qui traduira le mieux sa « haine de la raison », est, à cet égard, la charpente politique la plus constructive de sa « civilisation de l'universel ».

À la Libération, le Sénégal attend un prince qui rayonne, qui exalte et irradie, un nègre brillant qui souffle sur les braises. Quand d'autres sont contraints par le choix, Senghor ne choisit pas. Il embrasse les contextes comme on étreint des corps. Puis le *mouvement* l'installe à l'endroit exact qui lui sied. Le voilà maintenant en train de semer de quoi faire grandir le poète qu'il est, les mains dans un cambouis décent. Il « tombe » en politique comme d'autres vacillent de leur chaise : sans se faire mal, juste en posant les pieds. Il s'en va méthodiquement fabriquer une nation démocratique idéale sur une terre d'Afrique qui, depuis 1891, respire la France par devoir. Hiroshima, Yalta, Brazza et, au bout du chemin, le rêve d'une Afrique lumineuse libérée du joug des patries civilisatrices. Dans ce maelström d'incantations, de sang et d'espoirs, il pressent que, désormais, la guerre sera froide. Trop idéologique. Trop loin de la Terre promise. Trop loin des hommes.

La poésie sera donc son arme. La culture, son champ de bataille.

5. La classe de Senghor au collège-séminaire Libermann de Dakar, 1923.

NGASOBIL, SÉNÉGAL. UN INTERNAT CATHOLIQUE, SITUÉ EN TERRE SÉRÈRE, AU FLANC DE LA RIVE DU SINE. Sur la Petite Côte, comme on l'appelle aujourd'hui. C'est là que son père et le Tokor, oncle maternel influent, inquiets de la fébrilité du fils, décident de l'inscrire, dans le dessein d'en faire un séminariste. Il vient de passer les premières années de sa vie à la mission catholique de Djilor, tout près de Joal, sa ville natale, à apprendre le catéchisme et quelques rudiments de français, « l'école de ceux qui ne savent ni lire ni écrire, mais qui parlent à l'animal et à l'arbre [1] ».

La Première Guerre mondiale vient d'éclater. Les pères du Saint-Esprit, soucieux de civiliser le monde et de conquérir pacifiquement des esprits nègres innocents, jouissent honnêtement de leur magistère sacerdotal. Ils ont construit en 1850, à quelque six cents kilomètres au sud de la capitale, Saint-Louis du Sénégal, un havre de paix entre mer et ciel, une maison de Dieu ouverte à tous les vents. Le jeune Sérère y côtoie les orphelins, les métis, de petits bâtards venus de la capitale et les fils de bonne famille. Il apprend le wolof et le français, pense et danse entre dortoir et réfectoire. Là il lit, bien haut, des morceaux choisis du *Traité de politesse africaine*, le temps de montrer à tout un chacun que la vie en communauté s'accommode volontiers de petits exercices sacrificiels. Le tout, en alignant

6. Basile-Diogoye Senghor, le père de Léopold, propriétaire terrien et négociant à Joal.

des résultats scolaires tout à fait honorables. À Ngasobil, les cultures wolof, sérère, peul, mandingue et occidentale s'épanouissent et se mélangent dans la béatitude. Les prières, comme le culte des ancêtres, se répondent comme par enchantement. Dans ce bouillon de culture, il échafaude tranquillement sa cosmogonie : un Dieu unique, Roog seen, le Créateur tout-puissant, le Dieu Amour « à qui on n'offre pas de sacrifices puisqu'on n'a pas à se défendre de sa colère[2] », et des esprits, les Pangool, ces ancêtres envoûtants à l'égard desquels il fait acte d'abnégation pour magnifier leur puissance et communier avec les forces invisibles. Un monde magique dans lequel la réalité prend des allures exaltantes.

Au hasard d'une récitation, le petit collégien de Joal découvre le mot *bongo*, qui, en wolof, évoque tout un univers érotique, sensuel. Il se l'accapare. En échange, il hurle à la récréation : « *Kor siga!* », juste pour défier un condisciple à qui il fait découvrir les vertus de la lutte sérère. Le tout est à l'avenant. Les pères n'y voient que du feu. Les enfants sont instruits à la dure, mais dans un environnement si naturel, si fraternel que les meilleurs en font leur miel. Les apprentis poètes, comme les futurs ecclésiastiques, sont comme des coqs en pâte, enivrés du bonheur d'être ensemble, à l'abri des guerres qui fissurent la terre. En échange de quoi, les Blancs font *tabula rasa*.

C'est vraiment là, dans ce « puits de pierre[3] », que le destin du petit homme noir s'est forgé, que ses certitudes légendaires se sont d'elles-mêmes greffées dans le tréfonds de son être. Comme si, à l'âge où les enfants ne connaissent pas le doute, lui s'en était définitivement affranchi. Il est déjà, à lui tout seul, une ambition, un caractère. Un soir, un vieil homme de Joal, revenant des champs de mil pour rejoindre son bercail, le rencontre fortuitement à la hauteur du

7. Léopold (*à gauche*) et son frère Charles, 1926.

baobab dénommé O Ndapan. L'enfant chevauche un pur-sang d'un blanc immaculé et semble partir, au soleil couchant, pour un voyage lointain. Le vieil homme l'interpelle : « Sédar, où t'en vas-tu donc, alors qu'il se fait tard ? » Le jeune Senghor répond : « Je m'en vais juste faire le tour du monde ; je reviens dans un instant. »

Lorsqu'il rejoint, à quinze ans, le séminaire Libermann à Dakar, le jeune lycéen se fait rebelle. Un rebelle contre des prêtres qui se réjouissent de « franciser un nègre » ; un rebelle aussi contre tous ceux qui lui interdisent de croire en la beauté des chants des griots que son père adressait en l'honneur du roi Koumba Ndofène Diouf quand il venait le visiter. Le 11 novembre 1923, à l'occasion de la pose de la première pierre de l'actuelle cathédrale de Dakar, il entend la phrase assassine :

Ce que, avant tout, nous voulons immortaliser, c'est le sacrifice de ces héros qui ont propagé la civilisation française...

Jusque-là, l'ancien élève de Ngasobil acquiesce. Puis, après que l'officiel a repris sa respiration :

... car celle-ci vaut mieux que les cultures indigènes, parce que la nôtre est chrétienne[4] !

Sa négritude d'adolescent se transforme, alors, en un combustible lent. Il se consume au rythme d'une trajectoire scolaire fabriquée pour en découdre.

Il ne sait pas encore

L'entêtement de ma rancœur aiguisé par l'Hiver
Ni l'exigence de ma négritude impérieuse[5]...

Cette demi-bourse arrachée en 1927 au gouverneur de la métropole censée lui permettre de poursuivre à Paris sa rébellion intérieure est une bombe à retardement.

8. Prospectus de la Compagnie Paquet, 1936.

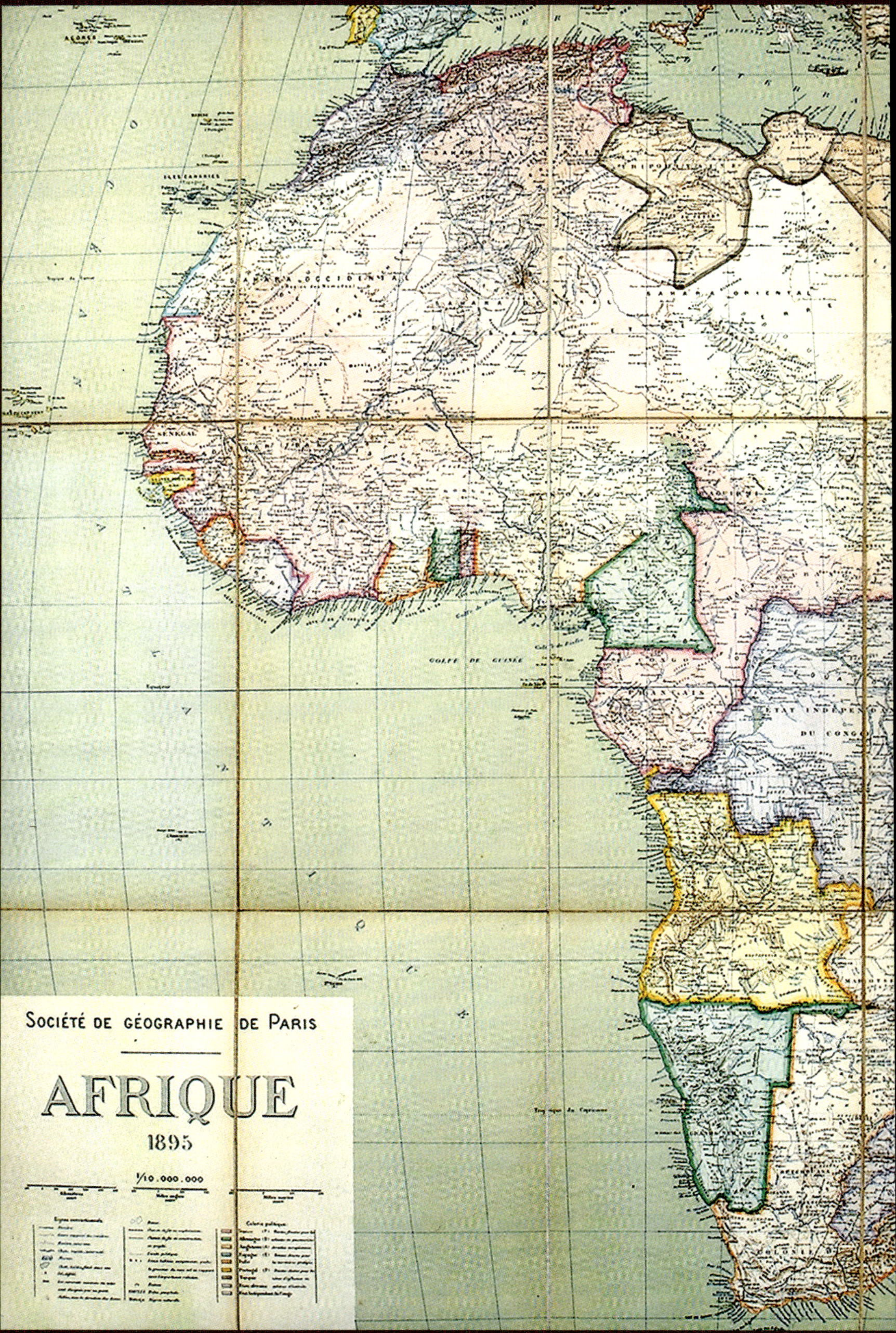

SOCIÉTÉ DE GÉOGRAPHIE DE PARIS
AFRIQUE
1895
1/10.000.000
GOLFE DE GUINÉE
SENEGAL
DU CONGO

9 et 10. ***(Page suivante)*** **Carte de la Société de géographie de Paris, au 1/10.000.000ᵉ, 1895. Vue générale et détail de la côte sénégalaise.**

SAHARA OCCID
(Region des Nomades)
Cap Blanc
Baie du Levrier
Cap Barbas
Zemoul
Rio de Oro
Villa Cisneros
Dunes de Ouarane
Meraïa (Désert du Miroir)
OUADAN
Chingueti
TAGAN
el Haodh
(l'Auge)
Oualata
Oasis Tichit
Nema
KOUNTAH
ADAFER
MAURES TRARZA
MAURES BRAKNA
Plaines
Désert
ST LOUIS
Langue de Barbarie
Cap Vert
Dakar
Rufisque
Portudal
Kaolakh
SENEGAL
GAMBIE ANGL.
Bathurst
Gambie
Saloum
CASAMANCE
Sedhiou
Carabane
Cap Roxo
GUINÉE PORTUG
Bissao
Boulam
Iles Bissagos
FOUTA DJALON
Timbo
Labé
GUINÉE FRANÇ
(RIVIERES DU SUD)
Conakry
Côte de Sierra Leone
Free Town
Ile Sherbro
Monrovia
LIBERIA
Cap Mesurado
Maryland
Cap des Palmes
CÔTE DES GRAINES
CÔTE DE L'I
Kayes
Bafoulabé
Kita
Bammako
Ségou-Sikoro
Sansanding
Niger
Nioro
Bakel
Médine
Bélédougou
Fouladougou
Bendou
Kénédougou
Sikas
Siguiri
Kankan
Ouassoulou
Beyla
Mousardou
Ouorodougou
Kouroudougou
Folona
Kong
Bong
Kouroussa
Dinguiray
Boundou
SOUDAN FRANCAIS
MANDING
Kaarta
Bakhounou
Kissi
Kondo
Fouta
Dagana
Podor
Matam
Ile de Gorée
Cap Verga
Rio Nuñez
Rio Pongo
Iles de Los
Sierra Leone
Sherbro
Cap Mount
Cap Palmas
Grand Bassam

S*ENHOR* SIGNIFIE « MONSIEUR » EN PORTUGAIS. Son père lui a fait comprendre, tout jeune, qu'après avoir fui la haute Guinée portugaise, sa famille était venue, autour du XIVe siècle, s'installer en Casamance. D'où l'origine de son nom. Mais au fond, personne, dans la famille, n'en est convaincu. Peu importe, le fils est fier de l'héritage : « J'ai probablement une goutte de sang portugais, car je suis du groupe sanguin A. » Et d'ajouter : « C'est fréquent en Europe, mais rare en Afrique noire. »

Quant au second prénom, Sédar, il le doit à son grand-oncle maternel qui portait ce patronyme. « En fait, dit le petit-neveu, il s'agit d'un sobriquet qui veut dire : "Qui n'a pas honte !" » Ses origines, il les cultive à la manière de ces aristocrates distingués qui, lignage après lignage, découvrent, à mi-vie, l'immensité de leur patrimoine génétique et culturel. La culture et la curiosité du poète étant ce qu'elles sont, on imagine les occasions incalculables qu'il a eues de déterrer quelques indices supplémentaires lui permettant de constater que son paradigme ancestral et familial est une authentique source de fierté.

Au XVe siècle, les catholiques et les juifs portugais persécutés dans leur pays s'installèrent autour de Joal, sous la protection du roi du Sine alors que le Sénégal avait déjà subi les influences françaises à la faveur du débarquement inopiné de plusieurs centaines de marins dieppois. Un siècle auparavant, ces derniers avaient installé sur la côte des comptoirs commerciaux prometteurs, et ce, bien avant que le capitaine Thomas Lambert et Jannequin ne viennent en 1638 coloniser le futur site de Saint-Louis du Sénégal, la première capitale fondée en 1658 par Louis Caullier. C'est grâce à un riche métissage entre la puissante ethnie sérère, descendant elle-même des

Mandingues, et de ces commerçants européens, qu'a pu s'établir une sorte de société spirituelle et temporelle archétypale, à bien des égards exemplaire. Au fond, le royaume sérère du Sine doit sa puissance et surtout sa longévité à une subtile organisation du pouvoir, fondée sur une alliance équilibrée entre le roi, représentant des Guelwaars, ancêtres des Sérères, chargé de garantir les frontières, le grand Jaraaf, désigné librement par la paysannerie et le grand Farba, qui dirige les armées et protège ses sujets. Ils constituaient à eux trois le conseil de la Couronne, mais le mode de désignation de ces personnages exigeait l'accord de deux d'entre eux pour nommer le troisième. S'il a fallu attendre 1891 pour que le royaume devienne Protectorat français, il a entre-temps intégré d'autres populations, notamment des Haal Pulaar et des artisans wolofs.

Le père de Léopold naît en 1847 ; il prend racine à Joal. Le commerce de l'arachide, du vin, du sel et du charbon est déjà florissant. Diogoye (qui signifie « lion » en sérère) Basile Senghor devient, jeune, un notable catholique, riche, influent et respecté. Il aura cinq épouses et quarante et un enfants. C'est pourtant dans un environnement animiste que le petit Léopold trouve sa place, entre le Tokor Wally, c'est-à-dire l'oncle, converti sur le tard à l'islam, et sa mère, Gnilane Ndièmé Bakhoum, qui est peule. « Chez les Sérères, c'est le ventre qui est noble », rappelle le fils. En effet, le matriarcat régissant la tribu, c'est tout naturellement qu'il grandira auprès d'elle.

J'ai grandi à ton ombre ; la douceur de tes mains bandait mes yeux[6].

Il baigne dans des rites spirituels et des convenances familiales qui lui conviennent. À aucune période de sa longue vie, il n'exprimera le moindre ressentiment sur le caractère grégaire et contraignant de cet environnement où l'autorité est sacrée, le respect, une vertu et le syncrétisme, son pain quotidien. Au contraire, de son « royaume d'enfance », il fait une onction.

II. Panorama de Saint-Louis du Sénégal, fin du XIXe siècle. Gravure de Farlet.

12. La rue Saint-Jacques, à Paris, vers 1930.
La Sorbonne et le lycée Louis-le-Grand se font face.

SEUL. IL EST SEUL. QUAND IL DÉBARQUE À PARIS EN CE MOIS D'OCTOBRE 1928, IL S'ÉGARE. En Sorbonne, il sent, d'emblée, que l'anonymat le guette, que le décor, trop solennel, le plombe. À vingt-deux ans, il préfère se protéger de la fantaisie, se couler dans le moule de Louis-le-Grand, faucher au passage des armes de combat et construire, méthodiquement, de quoi se fabriquer une *tête bien faite.* Et Georges Pompidou, son condisciple, de lui servir de faire-valoir dans l'exercice des mondanités. Avec une préciosité qui l'honore tant il sait y faire, il croise Picasso, Matisse ou Joséphine Baker. Il se satisfait pleinement de picorer à leur talent, à coups de salutations distinguées, de vernissages savamment orchestrés… et de quelques cafés pris en fin d'après-midi sur les terrasses de Saint-Germain-des-Prés. Rien de plus. Les arrière-cours de la débauche, ce n'est pas le genre. Des heures durant, quand il s'enferme dans sa chambre de la cité universitaire du boulevard Jourdan, c'est pour plonger dans les ouvrages de Giraudoux ou de Montherlant, lire Gide ou Péguy. Aucun risque de s'encanailler avec ces êtres de génie : chez Senghor, les œuvres accomplissent le même dessein, mais en sourdine.

En revanche, il rumine. Les écrivains négro-antillais Aimé Césaire, René Maran, Léon-Gontran Damas sont ses frères de sang, des compagnons de route parisiens qui viennent stimuler sa folie intérieure. Les conversations prennent des allures de conte de fées, tellement les intelligences scintillent et se nourrissent les unes les autres. Avec eux, il ébauche, spécule, fantasme. La négritude se soulève, doucement, ballottée entre la reconnaissance du ventre et l'envie d'en découdre. Les vents sont porteurs de paroles qui sentent le soufre, de mots qui viennent d'ailleurs percuter la grandiloquence de la Troisième République, sentencieuse et bien-pensante. Quatre desperados de la pensée noire, courtisés par une France intello qui va à vau-l'eau. C'est maintenant qu'il faut prendre ses marques. C'est ici, à Paris, qu'il faut planter le drapeau.

Chez les croquemitaines de la planète bleue.

Lorsque des étudiants noirs de Paris viennent lui demander de porter haut la parole du continent, c'est avec un certain ravissement qu'il voit son personnage s'installer. Une tribune pour exister, des troupes pour l'exciter.

13. À la Cité universitaire, Paris, 1932.

14. Élève de Première supérieure au lycée Louis-le-Grand, Paris, 1929.

15. Au Palais du Luxembourg, vers 1929.
Georges Pompidou, (*au centre*), et ses condisciples de khâgne – dont Senghor (*à droite*).

16 et 17. *(double page suivante)* Deux feuillets de Senghor sur la poésie de son ami Léon-Contran Damas, 1946.

Cultivés, nourris de Claudel et des surréalistes aussi bien que des classiques, ils veulent oublier leurs auteurs pour se retrouver.

Léon Damas

Esprit très curieux, tempérament d'artiste il a fait en principe des études de Droit; il a surtout lu et vécu la tragédie ~~de sa race. Tourment son violent [illegible] et ses tourments~~ morale et intellectuelle — matérielle aussi — de l'Antillais, tragédie qu'il dépeint dans son essai ~~intitulé~~ *Retour de Guyane* (1). Poète, il a su retrouver le ~~[illegible]~~ rythme nègre, celui des tamtams. Comme dans ce poème dont nous donnons la version première (2)

Ils sont venus ce soir

Texte à la page suivante — Respectez la typographie —

(1) — *José Corti*. Paris, 1938

(2) Il a paru dans une version différente dans "*Pigments*" — G.L.M., Paris, 1937

(91
90

"Ils sont venus ce soir où le
"tam
tam
~~ta~~ roulait de
rythme en
rythme
la frénésie

"des yeux
"la frénésie des mains la frénésie
"des pieds de statues
"DEPUIS
"Combien de MOI
"Combien de MOI Combien de MOI MOI MOI
"sont morts
"depuis qu'ils sont venus ce soir où le
"tam
tam
roulait de
rythme en
rythme
la frénésie

"des yeux
"la frénésie des mains la frénésie
"des pieds de statues

Quand, plus tard, il se retrouve professeur en Touraine, il s'ennuie. La province ne frétille pas, elle le fait languir. Alors il lit, réfléchit, écrit. Racle dans son « royaume d'enfance ». Opère quelques allers et retours vers la capitale, histoire de tutoyer l'intelligence. Comme se faire dédicacer des poèmes de Paul Valéry, par exemple. Il s'organise

18. **Quelque part en Touraine, entre Amboise et Tours, 16 avril 1930.**

19. **Senghor et ses collègues du lycée Descartes de Tours, vers 1936.**

une discipline de vie qui ressemble à celle d'un ascète. Lever à cinq heures et demie, coucher à vingt-deux heures. Et l'enseignement du français pour le soulager des affres de la mélancolie. Au fond, ces années trente l'ont contenu dans la pénombre des assimilés. Rien qui ressemble plus à un Noir occidentalisé que ce jeune adulte

exemplaire qui fréquente l'aristocratie du savoir bourgeois, provincial ou parisien, avec autant de plaisir que de facilité. Comment, dans un tel contexte, est-il allé chercher les ressorts de sa *négrité*? Sa militance intérieure, sa poésie? Il se voit bien préparer une thèse. D'ailleurs, il tente d'en construire une autour des *Formes verbales des langues sénégalo-guinéennes*. Il ne la terminera pas : trop loin des racines. Il préfère se laisser emporter par Barrès, qui le fait rêver de race et de nation. Son imaginaire politique est fécond mais trop vert encore pour prétendre se répandre dans des auditoires parisiens retors et sans merci. Peu importe, il détient désormais toutes les arguties des conclaves et des castes. Suffisamment en tout cas pour, dans les conversations, rabattre le caquet aux approximatifs. Il manie la langue avec tact et le sait. Il devine aussi, à ces moments-là, ce qu'être nègre veut dire. Des humiliations d'une rare subtilité, des condescendances ricanantes, larvées, et des portes fermées à double tour quand il s'agit de pérorer dans des enceintes :

Homme sinistre,
Bec d'acier,
Perceur de joie,
J'ai des armes sûres[7].

Son orgueil est si grand qu'il préfère emplir sa solitude de littérature et de philosophie; et, quand le désir le prend, pimenter son esprit rebelle de bouffées de négritude, manière élégante de s'emparer d'un monde agité sans trop en subir les foudres. Jusqu'à ce jour mémorable de septembre 1937.

Le premier grammairien noir de l'Histoire est un Zola africain qui s'ignore. Le 10, loin de la mère patrie occidentale, à la chambre de commerce de Dakar, où on l'invite pour une conférence[8], il sème un désordre pudique comme désormais son statut d'agrégé le lui permet. Il décoche une flèche en plein cœur du colon : « Assimiler, non être assimilé ! »

Devant l'auditoire médusé, il provoque avec une telle élégance, un tel sens des mots, que l'administration coloniale sénégalaise est ébranlée. On imagine la haine. Lui, pourtant paré de son armure, vient d'être tatoué. En moins d'une heure, il dissémine l'espérance sur ses terres tout en envoyant valdinguer ceux qui l'ont autorisé à « faire causette ».

On imagine aussi les frissons d'angoisse, le sentiment de culpabilité judéo-chrétienne. Sa solitude également, qui désormais ne le quittera plus.

Je suis seul dans la plaine
Et dans la nuit.
Je suis la solitude des poteaux télégraphiques
Le long des routes
Désertes[9].

Et si sa frêle reconnaissance académique était insuffisante pour qui se risque à jouer les impertinents ? Et si ces quatre mots étaient insuffisants pour dire son *amour-haine* à l'endroit de la France ? C'est vrai que c'est court. Mais c'est aussi ce qui restera de plus fort jusqu'à sa mort.

TÔT LE MATIN, IL MÉDITE LE *JOM* ET LA *KERSA* : L'HONNEUR ET LA MESURE. Il les avale comme des pilules pour prévenir son être des relâchements inconvenants. Pas un geste de trop. Un regard fixe. Un corps maîtrisé jusqu'à la perfection. Des mots lâchés à bon escient. Et puis, des mains qui n'en finissent pas de s'effiler.

«Je pense donc je sens», dit-il à l'adresse des impertinents qu'il devine perplexes devant cette apparente aphasie.

En cette rentrée 1944, il est nommé professeur à l'École nationale de la France d'outre-mer, avec vocation de reprendre la chaire de Maurice Delafosse, le grand ethnologue africaniste. Senghor jouit du prestige de son prédécesseur. Il est, à trente-huit ans, et pour peu de temps, un mandarin avant l'heure. Sa promotion lui vaut d'être désigné, par le général de Gaulle, membre de la commission chargée d'étudier la représentation des colonies à l'Assemblée constituante de la Quatrième République. Une aubaine pour parfaire son goût de la chose publique et intriguer à Dakar, où le député socialiste en place, un certain Lamine Guèye, est un partisan acharné de l'«assimilation».

Il n'a pas fallu beaucoup palabrer pour convaincre Senghor d'être son colistier lors des élections du 28 octobre 1945. Sa notoriété commence à trouver une forme. Il en joue. L'intellectuel en rajoute comme porte-parole anticolonialiste : «Nous sommes rassasiés de bonnes paroles – jusqu'à la nausée –, de sympathies méprisantes[10].» Mais en fin stratège, le futur patron du Bloc démocratique sénégalais cherche d'abord l'adoubement du patron de la vieille SFIO pour mieux préparer ensuite son affranchissement. Pour l'heure, l'évidence tient lieu de candidature. Son élection, bien mieux qu'une formalité,

20. En 1949.

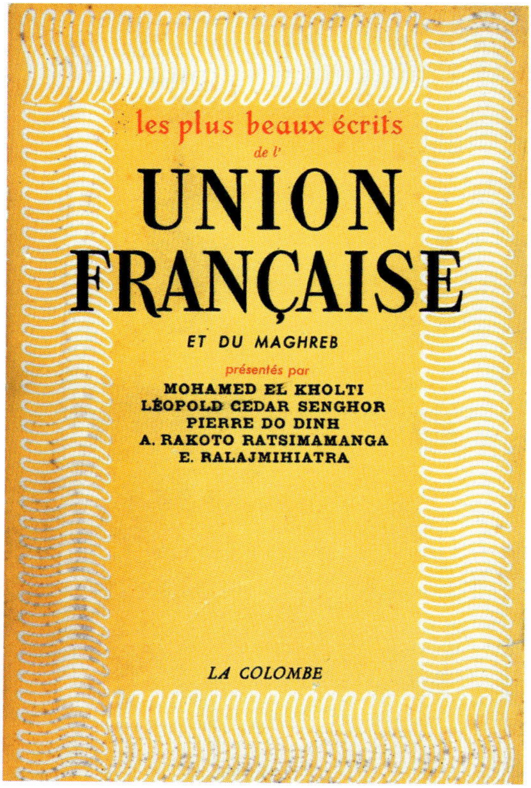

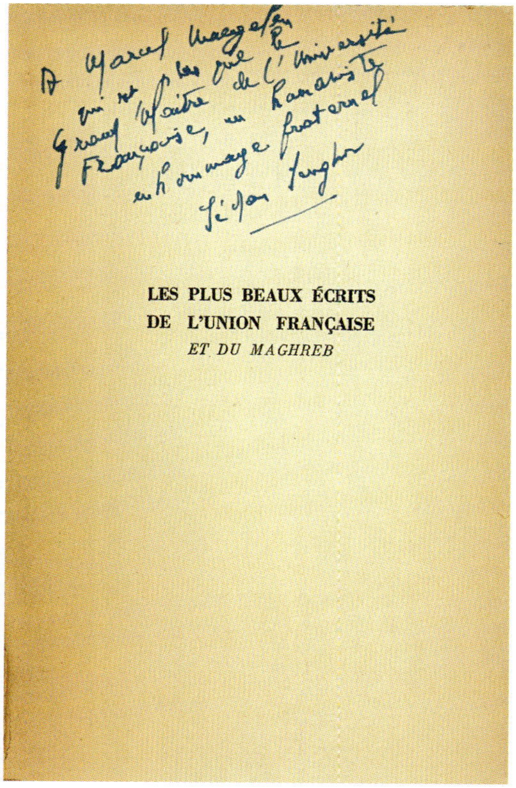

est une source d'espérance. Le nouveau député du Sénégal est dans les cale-pieds.

Sa stature est sa posture. Il le sait, comme s'il avait appris par cœur les vertus du charisme muet. Un sphinx de certitudes en face d'une armée de prétendants aux destins impatients. L'Afrique est une meute. Trop tard, le cap est fixé. Sa méthode, rompue aux écoles cartésiennes les plus policées, détruit au passage toutes les approximations, sculpte dans l'espace et le temps de quoi transformer un Sénégalais en *mutant* et, l'air de rien, fixe les bornes à ne pas dépasser. La silhouette de

21 et 22. Édition originale, portant dédicace autographe de Senghor, des *Plus Beaux Écrits de l'Union française et du Maghreb*, La Colombe, mars 1947. Le dédicataire, Marcel Naegelen (1892-1978), professeur et homme politique, était alors ministre de l'Éducation nationale.

Janus, le dieu aux deux visages, se dessine. La froideur des formes dans la chaleur des hommes. Le prix à payer pour la grandeur.

Et puis cette voix. Lente, granulée, ciselée. Un timbre si caractéristique qu'il détonne. Et ce verbe! Combien sont-ils à s'en délecter? À le jalouser même, tellement dans sa bouche la langue française a la saveur d'un pain au lait. Edgar Faure ne s'y trompe pas, lui, qui, le jour de la réception du poète sous la Coupole, s'est plu à distinguer :

> [...] *le géniteur d'une symbiose entre la prosodie française structurée par la succession syllabique, vouée à la catharsis de la signification, exposée à la faiblesse de la densité émotionnelle et à l'atonie auditive. Et la métrique africaine tramée par l'alternance et la succession des accents, attentive à la musicalité interne de la syllabe sonore et de ses jeux, appliquée à produire un effet de signifiance globale où l'interprétation lexicologique est dosée en même temps que les autres transmissions du contenu sémantique; exposée en revanche à la fluidité de l'intelligible, à l'ambiguïté du message*[11].

Ah! Si le père Lalouse, premier directeur de conscience du fils de Diogoye, avait été là, ce jeudi 29 mars 1984, pour écouter ce rhéteur si bien accoutumé aux audaces syntaxiques républicaines! Il n'aurait pas renié ce choix d'avoir privé notre Sérère de la prêtrise pour le destiner aux chaires littéraires, fussent-elles des plus académiques.

« J'AI ÉTÉ NOURRI PAR LES POÉTESSES DU SANCTUAIRE », ÉCRIT-IL. FORT BIEN. MAIS QUI SONT-ELLES DONC, CES FEMMES QUI L'ALLAITÈRENT ? Des muses, pardi. Des mères muses. Nga, l'authentique nourrice, celle qui chantait, composait, cuisinait, blanchissait. Gnilane, la mère soucieuse de laisser l'enfant s'enivrer, à Joal ou à Fadiouh, des chants d'oiseaux, et l'inviter à respirer l'air du large. Et puis l'immense Marone Ndiaye, qui l'embarqua dans les tourments du théâtre chanté. Comme le roi Salomon, qui composa pour sa femme noire, fille de pharaon, le fameux Cantique des Cantiques (« Je suis noire et belle, fille de Jérusalem, terrible comme une armée rangée en bataille »), le voilà assuré de compter sur le génie des femmes pour être poussé hors de lui-même. Il ne s'en priva pas. Quand on a un père catholique polygame, que l'on se destine à œuvrer sur les territoires de la beauté, l'esprit s'accommode volontiers de la légèreté, du charme et de la liberté. La facture de sa poésie n'est au fond qu'une construction *féminine* élaborée de sa pensée, une sorte de jaillissement permanent de son « royaume d'enfance » revu et corrigé au gré du mouvement. Dans son incorrigible besoin d'aller mixer les sources chrétiennes des œuvres claudéliennes avec l'imaginaire spirituel de la poésie africaine, le voilà en train de concocter de longs versets qui sonnent bien aux oreilles noires. Il faut du chant, de la musique et des mots, « des kôras et des balafongs », qui « portent loin la parole », comme une mélopée. Par quelle chimie a-t-il réussi à produire du sens ? À jouer sur des structures aussi étrangères ? À s'inspirer de l'analogisme de Rimbaud, des inventions morphologiques de Breton tout en développant des ruptures lexicales typiquement négro-africaines ? Mystère. D'où

23. Une signare sénégalaise, d'après une gravure de Labrouste.

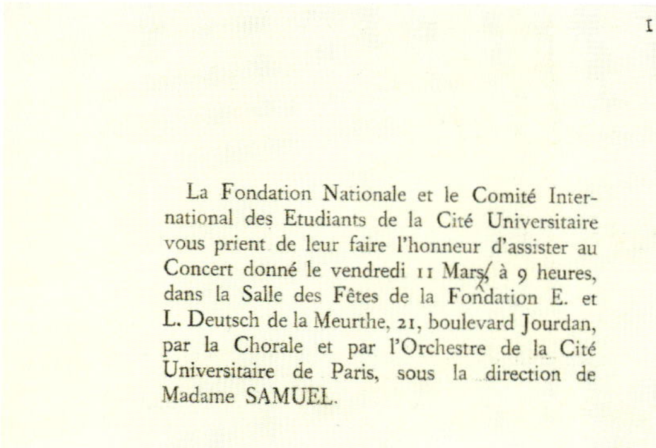

I

La Fondation Nationale et le Comité International des Etudiants de la Cité Universitaire vous prient de leur faire l'honneur d'assister au Concert donné le vendredi 11 Mars à 9 heures, dans la Salle des Fêtes de la Fondation E. et L. Deutsch de la Meurthe, 21, boulevard Jourdan, par la Chorale et par l'Orchestre de la Cité Universitaire de Paris, sous la direction de Madame SAMUEL.

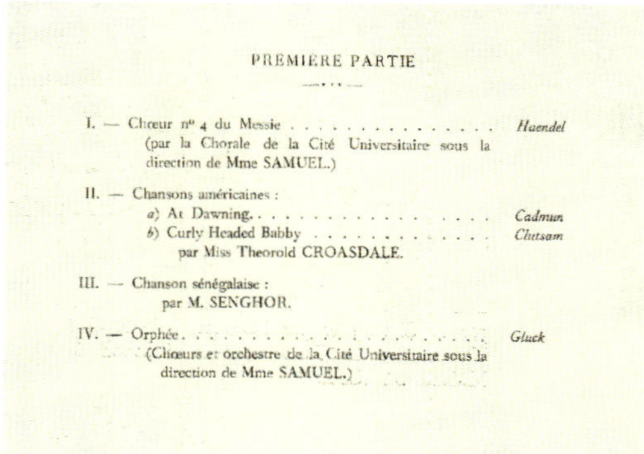

PREMIERE PARTIE

I. — Chœur n° 4 du Messie . . . . *Haendel*
(par la Chorale de la Cité Universitaire sous la direction de Mme SAMUEL.)

II. — Chansons américaines :
a) At Dawning. . . . . *Cadman*
b) Curly Headed Babby . . . . *Clutsam*
par Miss Theorold CROASDALE.

III. — Chanson sénégalaise :
par M. SENGHOR.

IV. — Orphée. . . . . *Gluck*
(Chœurs et orchestre de la Cité Universitaire sous la direction de Mme SAMUEL.)

l'alignement des substantifs dans des phrases sans verbe ni adjectif, à l'instar de ces vers de « Chaka » tirés d'*Éthiopiques* :

Oui me voilà entre deux frères, deux traîtres, deux larrons
Deux imbéciles hâ! non certes comme l'hyène, mais comme le Lion d'Éthiopie tête debout[12].

Sans complexe. Le chantre du métissage fabrique en douce son *universalité* dans un tonnerre de *poïësis*. Le grammairien noir du boulevard Saint-Germain ramasse la mise. Quand on vient ricaner sur le mélange des genres, il remonte le menton plus haut qu'à l'habitude et, souverain, il déclare :

Le français, ce sont les grandes orgues qui se prêtent à tous les timbres, à tous les effets, des douceurs les plus suaves aux fulgurances de l'orage. Il est, tour à tour et en même temps, flûte, hautbois, trompette, tam-tam et même canon. Et puis le français nous a fait don de ses mots abstraits – si rares dans nos langues maternelles – où les larmes se font pierres précieuses[13].

24 et 25. Carton d'invitation à une soirée musicale organisée par les étudiants de la Cité universitaire, 11 mars 1932. Senghor y avait donné un récital de chansons sénégalaises.

On l'imagine volontiers en train de voler des mots, courir derrière les crocodiles, faire parler les morts, humer l'harmattan puis, s'arrêtant net, construire un édifice de verre dans lequel il s'installerait pour regarder le monde et lire l'Afrique en français. Il se mettrait à consulter *Défense et illustration de la langue française* de Joachim Du Bellay puis, laissant les deux siècles suivants faire leur miel de l'Histoire, il se chargerait de compulser le *Discours sur l'universalité de la langue française* d'Antoine Rivarol. En fin lettré qu'il est, il en viendrait ensuite à extraire de ces entreprises fondatrices la substantifique moelle de ses racines sérères pour, à son tour, en faire une œuvre. Rien ne le détourne de cette folie des mots. Ni les brasiers, ni la tribu, ni les grands. Quand, à bout de souffle, il désespère de trouver son karma, il convoque Saint-John Perse ou Teilhard de Chardin pour penser juste, de Gaulle ou Mao pour viser haut. Dieu, si rien ne va plus.

Quand la « civilisation de l'universel » bat de l'aile, quand les « grands Blancs » « se la jouent » entre eux, ou tout simplement quand le continent noir manque à son orgueil, il se mue en anthropologue de la négritude. L'épopée de l'*Homo africanus* devient son affaire. Frobenius, l'Allemand africaniste, est là, perdu dans la dissidence de la pensée européenne, pour apporter de l'eau à son moulin. Tout est

26. L'africaniste Leo Frobenius en mission, vers 1930.

bon pour remettre la gravité de l'humanité à sa juste place. Octobre 1982 : le premier congrès international de paléontologie, qui se tient à Nice, confirme que « l'homme a émergé de l'animal il y a quelque 2 500 000 ans et [*que*], depuis, l'Afrique est restée aux avant-postes de la civilisation jusqu'à l'*Homo sapiens* ». Postulat suffisant pour étayer scientifiquement sa thèse sur la prééminence civilisationnelle de l'Africain :

J'entends par « Homme de la Conscience » les Africains du Dernier Âge de la Pierre, celui qui correspond au Paléolithique supérieur, au Mésolithique et au Néolithique. Ces hommes accompliront une dernière révolution. Celle-ci, à travers l'art, les mènera, les premiers, à la civilisation écrite[14].

Il emploie sa verve à reconquérir l'Histoire. Et son magistère, à embarquer les peuples d'Afrique dans une sorte de restauration tranquille de leur noblesse.

Ce n'est pas par hasard, en effet, si Hérodote, le père de l'Histoire, qui avait voyagé en Égypte et au Proche-Orient, nous apprend que les Colchidiens du Caucase, que Dzidzigouri cite souvent, ont, comme les Égyptiens, « la peau noire et les cheveux crépus »[15].

À combien de reprises n'a-t-il pas convoqué son maître Paul Rivet, le fondateur du Musée de l'Homme, pour répéter cent fois, mille fois peut-être, que « malgré les invasions indo-européennes et sémitiques, il y a aujourd'hui de dix à vingt pour cent de sang noir autour de la Méditerranée ». Certes. A-t-il imaginé pour autant, lui le mondain,

que son peuple se suffise de cette considération arithmétique pour vaincre les démons qui l'attendent ? Mais il est seul, porte à bout de langue la fortune tout entière du continent. Les Césaire, Damas sont trop loin, trop préoccupés à régler leurs comptes avec les coloniaux. Lui, fouille dans la protohistoire pour y trouver les pépites de son noble combat, sans aucune garantie d'en faire profiter les siens. Peu importe, la Quatrième République voit en lui le prophète de la renaissance africaine, le savant nègre des idéaux décolonisateurs, le stratège raffiné des desseins gaullistes. Cela suffit à vaincre bien des tourments.

27. L'ethnologue Paul Rivet, dont Senghor suivit l'enseignement dans les années 1930.

Extrait de : Annuaire des Cabinets ministériels,
Ministère Edgard Faure, 23 février 1955
Société gén. de presse et d'éditions
19ème édition, mai 1955

XXI

SECRÉTARIAT D'ÉTAT A LA PRÉSIDENCE DU CONSEIL

— 58, rue de Varenne, 58 —
Téléphone : LITtré 07-30

Léopold-Sédar SENGHOR

Né le 9 octobre 1906 à Joal (Sénégal). Professeur Agrégé de Grammaire. Professeur à l'École Nationale de la France d'Outre-Mer. Membre de la Société de Linguistique de France, du Comité National des Écrivains et de l'Association Guillaume Budé. Conseiller Général du Sénégal. Membre du Grand Conseil de l'A.O.F. Membre titulaire de l'Assemblée Consultative du Conseil de l'Europe et de l'Assemblée ad hoc pour une Communauté Politique Européenne. Député du Sénégal (Indépendant d'Outre-Mer).

1940 : Prisonnier (Commando de représailles). — 1945, 21 octobre : Membre de la 1re Assemblée Constituante

— 205 —

UN MATIN DE JUIN 1951, LE FUTUR CHEF D'ÉTAT SILLONNE LE PAYS POUR CONVAINCRE LES GENS DE LA TERRE QU'IL PEUT DE NOUVEAU LES REPRÉSENTER À PARIS. Quand, près de Djilor, sur la rive du Sine, il rencontre une femme qui lui barre la route, la tête recouverte d'un voile blanc. Sans explications, elle lui demande de l'accompagner. Quelques kilomètres plus loin, ils rejoignent une douzaine d'autres femmes, plus âgées, qui se mettent à chanter autour d'une tombe, celle de Meissa Wali Dione, une figure des Guelwaars, une ancêtre sérère. Elles lui proposent de boire une crème de mil et de danser. Puis la femme le raccompagne à son camion et lui dit : « Tu gagneras. »

Contre tous les pronostics, il gagna.

28. Le jeune secrétaire d'État à la présidence du Conseil, dans le gouvernement d'Edgar Faure, 1955.

29. En campagne électorale dans la brousse sénégalaise, 1951.

Dans cette république de ténors, l'Assemblée nationale ressemble à un orchestre symphonique improbable. Pas de chef, mais des députés partisans qui jouent chacun sa partition dans le but inavoué de concourir aux jeux de chaises musicales des gouvernements d'alors. Senghor est mal à l'aise. Il n'est pas loin de penser qu'il est en train d'en perdre sa vertu. En décidant de faire siennes les inévitables compromissions, il fait d'une pierre deux coups : le député du Sénégal démontre sa capacité à se couler dans le moule républicain et, dans le même temps, déroute ses ennemis par son entêtement à vouloir bousculer l'Histoire à sa façon. Il accepte, en février 1955, malgré ses engagements de n'en rien faire, un poste de secrétaire d'État qu'Edgar Faure lui propose dans son éphémère gouvernement. Moins d'un an plus tard, quand il retourne sur les bancs du Parlement, il s'abstient de voter la loi-cadre de 1956 élaborée par Gaston Defferre parce qu'elle ne donne pas la part belle aux deux grandes fédérations qu'il préconisait, l'AOF et l'AEF [16]. En fait, pour s'affranchir de l'influence du Rassemblement démocratique africain (RDA) – il n'avait pas souhaité s'associer à sa création, dix ans plus tôt –, il tient à se démarquer définitivement du Parti communiste français, alors très influent en son sein.

Quand, le fameux 26 août 1958, de Gaulle, revenu au pouvoir, fait escale à Dakar pour défendre le oui au référendum du 28 septembre, ce sera sans lui. Senghor préfère laisser l'administration coloniale convaincre les principaux chefs religieux, les Tidjanes et surtout les Mourides, de faire allégeance pour, ensuite, récupérer la mise si le Sénégal, par miracle, suit les recommandations du fondateur de la Cinquième République.

Bon calcul en effet. Senghor gagne *sa* bataille de l'indépendance contre ceux, nombreux, qui voulurent refuser la communauté que de Gaulle leur proposait. Deux conceptions différentes de l'avenir de l'Ouest africain s'affrontent. L'une, défendue par Sékou Touré, patron de la Guinée, qui, en décidant de voter non, prône une indépendance immédiate. L'autre, moins radicale, qui propose une autonomie interne dans le cadre d'une communauté conduite par la France. Sauf que Senghor a dû batailler ferme pour convaincre ses amis de voter oui à de Gaulle.

Une victoire s'arrache moins sur les autres que sur soi-même, moins par les armes que par les larmes de sueur, par la discipline et le travail.

30. Scène de rue à Dakar, lors du référendum du 28 septembre 1958 sur la création de la communauté française.

À quoi Mamadou Dia, son futur Premier ministre et ami, répond : « Non, camarade, il n'y aura pas de larmes mais la fierté des hommes qui bâtissent leur destin ! »

Déjà la discorde. Alors Senghor se bat, mais sans succès, pour éviter une balkanisation des territoires coloniaux. Il rêve d'États-Unis d'Afrique, d'un continent qui affiche sans complexe ses couleurs et sa fierté, comme l'ont fait de l'autre côté de l'Atlantique ses frères brésiliens. Mais le temps presse. De Gaulle veut en finir avec ses colonies. L'Algérie est un brasier qui sommeille. Senghor décide de convaincre la Haute-Volta (actuel Burkina Faso), le Dahomey (actuel

31. Conférence de presse de Senghor sur l'éclatement de la Fédération du Mali, 23 août 1960. À sa droite, son futur Premier ministre, Mamadou Dia.

Bénin) et le Soudan (actuel Mali) de participer à une fédération. Mais la France, au fond, ne fait rien pour l'y encourager. Trop périlleux. Senghor se résout à tenter l'expérience avec ses frères soudanais en créant avec eux la Fédération du Mali. Un régime « bicéphale » très Quatrième République, alors qu'à Paris ou à Abidjan l'heure a déjà sonné pour les tenants d'un pouvoir exécutif fort. De Gaulle acquiesce, mais du bout des lèvres. Le projet était probablement encore trop ambitieux. Toujours est-il qu'au cours du mois d'août 1960, c'est-à-dire à la veille de la proclamation officielle de l'indépendance, le Soudanais Modibo Keita, président du gouvernement de la nouvelle Fédération, tente un coup d'État. Alors que les tensions dans les rues de Dakar sont de plus en plus perceptibles, le Sénégalais Senghor, président de l'Assemblée fédérale mais surtout chef du parti majoritaire de l'Union progressiste sénégalaise[17], découvre que des unités de l'armée marchent sur la capitale. Dans le quart d'heure, il réunit, dans son bureau, militants et syndicalistes du parti. Il demande à chaque région de mobiliser des milliers de jeunes avec mission de « se coucher par terre » afin d'empêcher les chars de converger vers Dakar. Il court haranguer lui-même les gendarmes de la caserne pour leur demander de remplacer au pied levé les troupes fédérales. Ce qui est fait, avec la discrète complicité du ministre de l'Intérieur, Valdiodio Ndiaye, sénégalais comme lui. Ainsi, sans qu'une goutte de sang soit versée, le Sénégal retrouvait sa légitime souveraineté et le peuple, sa tranquillité. Senghor mettait un point final à son épopée fédéraliste hasardeuse et s'en remettait à un pragmatisme politique plus conforme au contexte d'alors. Certes, la France a soutenu son ancien secrétaire d'État, mais c'est moins par souci de le considérer comme inspirateur d'une Afrique émancipée que comme garant de la restauration d'un Sénégal désormais indépendant. Au sein de l'Afrique de l'Ouest, Senghor comprend que le leadership doit être partagé. Il a désormais en face de lui un concurrent qui occupe l'espace, un médecin au charisme redoutable, qui, non content d'être à la tête du pays le plus prospère de toute l'Afrique de l'Ouest, dispose désormais du privilège d'avoir l'oreille de l'Élysée. Son nom : Félix Houphouët-Boigny, président de la République de Côte d'Ivoire, ancien ministre de la Santé dans le gouvernement de Guy Mollet, fondateur du puissant Rassemblement démocratique africain.

Mais peu importe, malgré déboires et complots, malgré l'échec de la fédération qu'il a tant souhaitée, le député du «petit peuple des campagnes», comme on l'appelle alors à Dakar, vient de franchir le Rubicon. Le 5 septembre 1960, à cinquante-quatre ans, Léopold Sédar Senghor conquiert le pays. Il est élu, à l'unanimité, président de la République du Sénégal par un collège électoral de cent dix-huit membres.

Depuis qu'il a quitté ses chaires, le fils de commerçant du royaume du Sine éprouve des émotions mystérieuses. Son âme est perturbée par la brutalité du verbe. Son esprit est assailli des exaltations les plus inconvenantes. En vingt ans à peine, l'agrégation lente et violente du poète et du politique, au lieu de le figer dans une tranquille distinction, l'a transformé.

Il en sort trempé.

Son autorité politique, il le sait, doit désormais se traduire, au plan national, dans sa capacité à gérer au mieux la question religieuse. Catholique, il exerce un magistère politique sur un pays islamisé à plus de quatre-vingt-dix pour cent. Les chefs religieux comme les marabouts exercent le leur dans la plus pure tradition africaine.

Comment régner sur le pays si ce n'est en divisant? Senghor le fait. Mais avec ce génie manœuvrier qui prévaut quand les chefs concernés savent qu'ils ont affaire à plus malin qu'eux. L'élégance de sa magistrature, le doigté politique dont il fait preuve dans la gestion des grands équilibres ethniques atténuent les contrariétés des uns et des autres. Au fur et à mesure que le pays s'enivre des parfums de l'orgueil, chacun convient qu'il y trouve son compte. À coups de privilèges et autres prébendes, les potentats spirituels et temporels concourent subtilement à cristalliser une souveraineté sans laquelle la nation sénégalaise ne serait qu'un artifice. Quel autre pays au monde a pu, en si peu de temps, tirer meilleur profit de son histoire pour la réinventer?

Il ressemble très tôt à une statue. Une sorte de bronze vivant, patiné. Il est une icône. Un jour de mars 1965, il reçoit une proposition d'un chef d'entreprise sénégalais qui désire créer un parfum à son nom. L'étiquette lui plaît, son visage y est sobre. Il accepte. Il faut en finir

32 et 33. *(page suivante)* **Étiquette du parfum *Léopold Sédar Senghor*, 1965 ; et la requête du fabricant auprès de la présidence de la République, portant mention manuscrite autographe de Senghor.**

SOCIÉTÉ ÉLECTRIQUE & INDUSTRIELLE DU BAOL

Société Anonyme, Capital 60.750.000 Francs C.F.A.

SEIB

618/Dk
GJ/MD

DAKAR, le 15 MARS 1965.

Siège Social : DIOURBEL (Sénégal)

TÉLÉPHONE 52

Compte Chèque postal : 120 Dakar
Reg. Com. Kaolack 1812
Adresse Télégraphique : SEIB DIOURBEL

Bureau à DAKAR
6, Rue Joris - Boîte postale 1057

TÉL. : Bureau 235-31
Domicile 237-69
Adresse Télégraphique : SEIB DAKAR
Télex : SEIB 066 DAKAR

Code Lugagne 1929

DUPLICATA

Monsieur Léopold Sédar SENGHOR
Président de la République
DAKAR

Monsieur le Président,

Notre Société a été autorisée par le Ministère du Commerce à exploiter un Atelier de Parfumerie comme activité annexe à DIOURBEL.

Parmi les marques connues au Sénégal, dont nous réalisons la fabrication sur place, figurent les Ets. JEHANNE RIGAUD qui nous proposent de mettre sur le marché un parfum à votre nom, d'après l'étiquette ci-jointe.

Avant d'opérer ainsi, nous souhaiterions savoir si vous n'y voyez pas d'inconvénient.

Nous vous adressons nos remerciements, et nous vous prions d'agréer, Monsieur le Président, l'assurance de notre haute considération.

G. JESSULA

P.J. 1

Mod. 2 - 11/63 6000 ex.

avec le « rire Banania » qui s'affiche partout sur les murs. Au diable les scrupules, le président s'encanaille. Avec la publicité comme avec les honneurs. Lors d'un déjeuner officiel à Paris, rapporte Raymond Queneau sur la foi du témoignage de Colette Duhamel, Senghor, sûr de sa position, dévoile son sens de la repartie :

Une dame à côté de lui se penche et lui dit : « Vous aimez miamiam ? »

Senghor fait son discours. Il se rassied et dit à la dame : « Vous aimez discours[18] ? »

La presse sénégalaise et internationale est à l'unisson quand, d'une moindre déclaration, elle fait ses choux gras. Le 22 septembre 1968, les libraires allemands lui décernent à Francfort le prix de la Paix alors

34. Violences dans les rues de Francfort lors de la remise du prix de la Paix à Senghor, 22 septembre 1968.

que l'Afrique se remet à peine des massacres d'étudiants sénégalais et du génocide au Biafra. Il savoure l'indicible plaisir de se voir récompenser par la communauté de l'esprit. Il se fend même d'une réponse à Günter Grass, datée du 16 octobre de la même année, l'écrivain allemand ayant mis en doute son parti pris pacifique :

[...] *je voudrais vous rassurer. Je n'ai pas tellement conscience d'avoir mérité le prix de la Paix. La paix véritable, elle ne se proclame pas, elle ne se veut même pas :* elle se réalise [...]. *Et puis, j'ai pensé que le choix des libraires allemands signifiait moins un couronnement qu'une incitation, pour le peuple et le gouvernement sénégalais, à poursuivre leurs efforts de paix et d'unité africaines, dans la voie de ce* dialogue *dont ils ont fait leur méthode politique*[19].

Rien n'est plus grisant pour cet homme d'État que de se voir célébrer par les autres, puis de revenir, prophète en son pays, goûter le regard honoré de ses compatriotes. Le monde à l'envers.

« Ma tâche, dit-il, est d'éveiller mon peuple aux futurs flamboyants. » Dont acte. À un colonial, sûr de ses conquêtes, qui en 1942 s'adressait à de Gaulle pour lui dire que la France « tient le bon bout », l'auteur de l'Appel du 18 juin répondit : « Monsieur, vous êtes un bourgeois, l'avenir est au métissage[20]. »

Le futur chef de l'État sénégalais s'en souviendra. Du métissage il fait le souffle biblique de son propre catéchisme, la « civilisation de l'universel ». Le 30 octobre 1962, à Rome, devant le Capitole, il parle tout bonnement de « greffer le rameau latin sur le sauvageon africain[21] », manière élégante de rappeler au commun des mortels les

PRIX DE LA PAIX DES LIBRAIRES ALLEMANDS

Francfort-sur-le Main, 22 Septembre 1968

REPONSE de L. S. SENGHOR

L' Accord conciliant

Monsieur le Président de la République fédérale,

Monsieur le Président du Conseil de la Fondation pour le Prix de la Paix,

Mesdames, Messieurs,

Je voudrais, tout d'abord, dire, à Monsieur le Président Heinrich Lübke, combien sa présence parmi nous me touche au-delà de toute expression. J'y vois le témoignage d'une amitié personnelle, qu'il sait partagée, et, encore plus, celui d'une haute estime réciproque, mieux : d'une amitié entre nos deux peuples, maintenant tout entier voués aux oeuvres de coopération dans la paix.

.../

35. Discours préparé par Senghor pour la remise du prix de la Paix des libraires allemands, Francfort, 22 septembre 1968. Dactylographie originale.

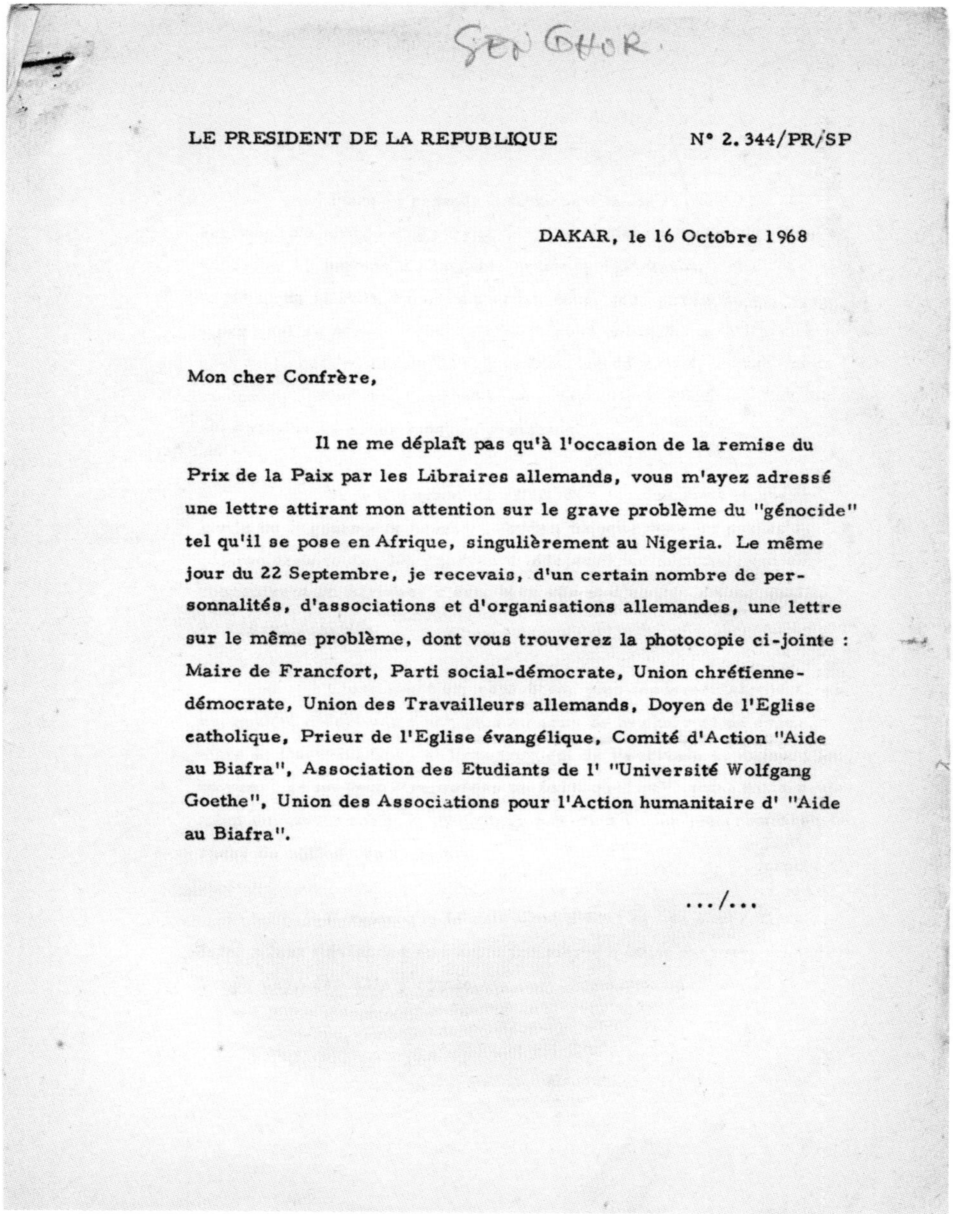
SENGHOR.

LE PRESIDENT DE LA REPUBLIQUE N° 2.344/PR/SP

DAKAR, le 16 Octobre 1968

Mon cher Confrère,

Il ne me déplaît pas qu'à l'occasion de la remise du Prix de la Paix par les Libraires allemands, vous m'ayez adressé une lettre attirant mon attention sur le grave problème du "génocide" tel qu'il se pose en Afrique, singulièrement au Nigeria. Le même jour du 22 Septembre, je recevais, d'un certain nombre de personnalités, d'associations et d'organisations allemandes, une lettre sur le même problème, dont vous trouverez la photocopie ci-jointe : Maire de Francfort, Parti social-démocrate, Union chrétienne-démocrate, Union des Travailleurs allemands, Doyen de l'Eglise catholique, Prieur de l'Eglise évangélique, Comité d'Action "Aide au Biafra", Association des Etudiants de l' "Université Wolfgang Goethe", Union des Associations pour l'Action humanitaire d' "Aide au Biafra".

.../...

36. Lettre de Senghor à Günter Grass, 16 octobre 1968. Dactylographie originale.

vertus des religions dans le concert des nations. Puisque gouverner l'État, c'est aussi prévoir, le poète président instille l'idée que les principes de la laïcité sont compatibles avec ceux de la spiritualité. Si légiférer est « une question de sagesse », dit-il, l'autorité du chef « repose sur une prééminence spirituelle » acquise par un dépassement de l'individu et de son appartenance. En conséquence, nul n'est autorisé à créer au Sénégal un parti sur des bases religieuses, ethniques et régionales.

Cette *flamboyance* est une aubaine. Elle autorise le rhéteur du palais à chercher du côté des images et des mots ce qui va contribuer à façonner l'idéal national tout en respectant les croyances des siens. La loi sanctionnera par le droit sénégalais ce qui, au départ, est une tradition. Avec lui, le culte des ancêtres, des gris-gris, la bonté de la Vierge Marie, de Mahomet ou du marabout sont des pratiques culturelles à équidistance de la vie et de la mort. « Tout ce qui monte converge », disait Teilhard de Chardin. Bien lui en a pris de prendre au mot son mentor. Le finistère de l'Ouest africain est devenu au fil des siècles le creuset exemplaire du métissage biologique et culturel des ethnies les plus diverses. Extrapoler cette réussite au monde entier est pour lui, non seulement, une évidence mais un devoir quasi divin.

LE POÈTE SE RÉVEILLE EN LUI QUAND IL EN DÉCIDE. UNE VOIX, UN SILENCE, UNE LECTURE, UN PAYSAGE. UN STADE. Un jour il est littéralement fasciné par une athlète dont l'élégance et la silhouette l'inspirent. Il se met à écrire instantanément un poème et le lui dédie. Des feuilles de papier à portée de main, un stylo soigneusement retiré de la poche intérieure de sa veste, et le voilà qui éjacule des mots. Rien ne lui résiste. Ni la cohorte des grincheux, ni la tyrannie des urgences. Ni la guerre. En juin 1940, au Frontstalag 230, près de Poitiers, où il est en captivité, Senghor se met à lire et commenter une anthologie de Platon en grec dans une édition anglaise. Puis il découvre que le génie de la civilisation grecque est non pas celui de l'esprit indo-européen, mais celui du métissage biologique entre Pré-hellènes et Hellènes. Miracle ! Ce sont les Grecs qui, de Homère jusqu'à Strabon, se sont faits les chantres des « Éthiopiens ». Des Noirs. Au nez et à la « barbe » des nazis, le voilà en train d'élaborer sa pensée sur le métissage culturel. Au prix d'une violence intime dont il a le secret, il préfère divaguer à feu doux plutôt que de se laisser emporter dans les ténèbres de l'inutile. Ou de ce qu'il pense être l'inutile.

Plus il grimpe les marches du pouvoir, plus le poète donne l'illusion de se fondre dans l'homme d'État. Et réciproquement. Il fait du temps son allié, le métronome de *sa* vie. Senghor est une accointance de l'Esprit. À l'étranger, dans les palais, il absorbe les silences. À Dakar, le crépuscule venu, quand la présidence fait du zèle, il détale vers Joal chercher son souffle. Au mois d'août, quand le Sénégal cuit dans son jus, il écrit en Normandie. Au frais. C'est là, à Verson, près de Caen, que son esprit se met à mûrir, comme un fruit. C'est dans ce petit bourg de trois mille sept cents âmes,

37. Senghor dans le parc de sa demeure de Verson, en Basse-Normandie, années 1980.

38-39. ***(Double page suivante)*** **« Chant pour Jackie Thompson. *Championne du cent mètres dames* », manuscrit autographe daté de Dakar, le 5 août 1973.**

Chant pour Jackie Thompson.
championne du cent mètres dames

J'avais élu le stade loin des marchands.
Je chante les plus forts les plus habiles, je
chante les plus beaux

Je t'avais élue à la première course, la
plus courte, oui la plus noble.
Pour tes longues jambes d'olive, t'avais-é-
lue, ta souplesse cambrée
Proue de pirogue et sillage de cygne
noir dans la poussière d'argent.
Peut-être un souvenir, un rêve de jadis...
Ah! j'oubliais ton sourire mutin, si frais
d'enfant.
"Elle sera la première, la grande Paulo-là!"

Tu partais en douceur, dans la ruée de l'ouragan
Tu les contrôlais sereine, les remontant
souriante
aux cinquante mètres tu ouvres ta grâce, tes ai-
les allongèrent la foulée comme une liane,
une chamelle qui va l'amble

Se détachèrent les unes des autres sur leurs courtes (2
jambes d'albâtre 33
Ou d'ébène, qu'importe !

Et le stade haleta, debout
Et tu te jetas sur le fil aérien, comme une
amazone du Roi
Royale, et de ma gorge ce cri qui jaillit
Triomphal : "Black is beautiful, ma généreuse
petite Poullo".
Car Pulel bokkou sokou haraani. Ah que n'ai-
je la voix
Dites, de Siga Diouf Gaignane, qui faisait
trembler les Dieux athlètes !...

Je te chante Jackie Thompson sur le ver-
sant du Jour
Et s'empourpre mon chant mon sang &
sur l'Océan bleu Atlantique

[illegible]

Dakar, 5 Août 1973.

d'où sa femme est originaire, que dès le début des années soixante la politique de l'arachide, la nationalisation des terres, les réformes de l'éducation prennent forme.

Sans crier gare tout le temps, je passe de mes amours à mes racines, des palmiers aux pommiers[22].

C'est là, aussi, qu'il décide de nommer et ou de décorer les plus méritants de ses compatriotes. Privilèges dont la portée lui semble encore bien supérieure à sa fonction de gardien de la République.

Ils sont bien peu dans ce monde matérialiste et conquérant à chercher

40. Le poète-président au milieu des blés, en Normandie.

41. Sacs d'arachide avant expédition, Ziguinchor (Sénégal), années 1970.

dans la plénitude de la pensée les ressorts cachés de la *contingence.* Mao? De Gaulle? Nehru? Probablement. Comme eux, il embrasse, puis compose. Apprivoise, puis pactise. Avec des mots. Dans cette bataille insensée entre l'idéal et le réel, il prend le français à témoin pour mieux arracher le sens. Le reste est une simple question de pédagogie. Malheur aux ignorants quand le maître leur propose un matériau d'émancipation et qu'ils renâclent! Il a fait jaser, ce fameux décret du 10 octobre 1975 de la République du Sénégal sur l'emploi des majuscules dans les textes administratifs! Dix-neuf articles rédigés de sa propre main pour en détailler les usages (voir ci-après). Du grand art. Si cela ne suffit pas, le verbe, tour à tour séducteur et tançant, prend le relais pour convaincre et achever le processus de mise en forme.

C'est un têtu. Dès que les mots sont convoqués au tribunal du dictionnaire, il jette le doute chez quiconque irait se contenter d'une bonne définition. À l'Académie, devant un Jean Guitton sûr de lui, il polémique en grec ancien pour mieux dénoncer une approximation. Piqué au vif, l'autre lui répond sur le même registre. Pour, finalement, devant l'étalage d'érudition du grammairien, rendre les armes. Quand, à l'occasion d'une rencontre avec François Mitterrand lors du premier Sommet des pays francophones à Versailles, en ce jour béni du 17 février 1986, ce dernier l'interroge sur sa présence régulière à Verson, il lui répond : « Je travaille sur la Normandité. » Le président de la République française, perplexe, demande des explications. Et le jeune président retraité de la République du Sénégal de lui répondre : « Je suis précisément le premier à traiter de cette question. » Serait-ce, au fond, une autre manière de gérer le temps? Cette manie qu'il a de circonvenir à tout bout de champ.

№ 1697

Dakar, le 16 août 1962

Monsieur le Président,

J'ai l'honneur de vous rendre compte que Monsieur le Président du Conseil propose que, par un décret qui porterait la date de ce jour, l'intérim du Ministère de la Défense et l'expédition des affaires courantes de la Présidence du Conseil soient, pendant son absence, assurés par Monsieur VALDIODIO N'DIAYE, Ministre de l'Intérieur.

Par ailleurs, le prochain Conseil des Ministres se réunirait le mardi 18 septembre 1962 à 9 heures.

Veuillez agréer, Monsieur le Président, l'hommage de mon respectueux dévouement.

J. COLLIN

Monsieur LEOPOLD SEDAR SENGHOR
Président de la République du Sénégal
GONNEVILLE sur MERVILLE
par FRANCEVILLE
Calvados

FRANCE

42 et 43. *(Page suivante)* **Entre Normandie et Sénégal… Échange de courriers entre Senghor et Jean Collin, secrétaire général de la présidence de la République sénégalaise, au sujet de la délégation de pouvoir en l'absence du président, août 1962.**

LÉOPOLD SÉDAR SENGHOR
~~1, SQUARE TOCQUEVILLE~~
~~PARIS (17e)~~

Gonneville – sur – Merville
par Franceville
(Calvados)

20 Août 1962

classer
"Ndiaye"

Monsieur le Secrétaire général,

Je vous accuse réception de votre lettre du 16 Août 1962.

Je donne mon accord, non seulement à l'intérim assuré par Monsieur V. Ndiaye mais encore à tous les intérims et aux nominations en Conseil des Ministres intervenus pendant mon absence.

Veuillez agréer, Monsieur le Secrétaire Général, l'assurance de ma haute considération

[signature]

Il en devient parfois impudent. Il hait le doute. Il abhorre l'inertie. Alors il cherche par tous les moyens légitimes à s'affranchir de cette dilution lente du conscient, à prendre de l'élan pour sauter au-dessus du vide et retrouver sa morgue. Sa construction mentale est un mécano huilé par le génie d'autrui. Ça le rend beau.

Ah ! Le doute. Le poète en est constamment traversé. Il triture, biffe, déchire et recommence. Et s'interroge sur son talent. Pas l'homme d'État. Quand il lit la sentence de mort de celui qui le 22 mars 1967 tente de l'assassiner, il réfléchit longuement sur la signification du geste. Mais le catholique n'hésite pas. Un *Pater noster* récité, à genoux, dans sa chambre la veille au soir, et l'homme mourra le lendemain. À la suite du coup d'État manqué de son Premier ministre Dia, en 1962, Senghor, sans l'ombre d'une hésitation, emprisonne sur-le-champ le félon, le flanque dans un cachot dix ans durant, avant de le gracier, mais sous conditions. Le prix à payer pour la grandeur. Si le pouvoir se délègue, il sait désormais qu'il ne se partage point. On aimerait parfois être petite souris pour fouiner dans la conscience de cet humaniste déclaré, et chercher, dans ce cerveau si bien fait, les indicibles frontières entre le bien et le mal.

Décret du président de la République du Sénégal sur l'emploi des majuscules dans les textes administratifs

10 octobre 1975

Le Président de la République du Sénégal,
Vue la Constitution, notamment en ses articles 37 et 65 ;
La Cour suprême entendue en sa séance du vendredi 18 juillet 1975 ;
Sur le rapport du ministre d'État, chargé de l'Éducation nationale,

Décrète :

Article 1er. – L'emploi des majuscules dans les textes administratifs de toute nature est réglementé par les dispositions suivantes :

Article 2. – *Adjectif.* L'adjectif prend la majuscule quand il est joint intimement au nom et fait corps avec lui : *les États-Unis, le Cap-Vert, la Comédie-Française, le Saint-Père.*

S'agissant de ce dernier adjectif, il existe de nombreuses exceptions, mais il faut savoir que lorsque l'adjectif désigne le saint lui-même, il ne prend pas de majuscule : *le supplice de saint Pierre.*

L'adjectif prend seul la majuscule quand il qualifie un terme géographique auquel il n'est pas rattaché par un trait d'union : *la mer Méditerranée, l'océan Atlantique, le cap Bon,* mais *le Cap-Vert*; *le mont Blanc,* mais *le massif du Mont-Blanc.* Employé isolément, « océan » prend la majuscule : *il traverse l'Océan.*

Article 3. – *Administrations, corps de l'État, assemblées, écoles, universités, juridictions, institutions.* Lorsque l'institution désignée est unique, les substantifs prennent la majuscule ainsi que le premier mot, quelle que soit sa nature : *Assemblée nationale*; *Conseil des Ministres*; *Contributions directes*;

Direction des Douanes; *Inspection des Finances*; *Enregistrement*; *Service des Eaux et Forêts*; *Trésor*; *Cour suprême*; *État.*

Dans un établissement public comme dans une administration, les différentes cellules administratives suivent la même règle : *Division des Statistiques, Section de la Solde.*

Mais, lorsque l'institution n'est pas unique, qu'elle est l'émanation d'une catégorie d'organismes semblables, la minuscule est de rigueur. Seul le nom qui détermine l'institution prend une majuscule : *ministère des Finances et des Affaires économiques*; *palais de Justice de Rouen*; *cour d'Appel d'Amiens, Cour suprême du Sénégal, musée du Louvre,* mais *Musée dynamique, faculté de Médecine et de Pharmacie de Dakar, lycée Van Vollenhoven, institut Pasteur de Dakar.*

Article 4. – *Débuts des phrases et alinéas.* On met la majuscule :

– après le point et après les points d'interrogation, d'exclamation ou de suspension quand ils terminent une phrase : *Ah! mon Dieu miséricorde! Qu'est-ce que c'est donc cela!*

– au premier mot de toute phrase citée, de tout vers : *Un homme dit : « Je passerai la mer… »* (La Bruyère).

Article 5. – *Rues, édifices, monuments, musées, navires, avions.* Les noms de rue prennent la majuscule : *la Corniche, rue du Bac, rue du Port, route des Grands-Moulins* (adjectif placé devant le nom).

Le nom (ou les noms) qui caractérise l'édifice, le monument, le musée, prend la majuscule ainsi que l'adjectif si celui-ci est placé avant 1e nom : *monument de l'Indépendance, Musée dynamique, musée du Louvre, la Grande Pyramide, la Croix du Sud.*

Article 6. – *Fêtes.* Les noms de fête prennent une majuscule : *Quatre Avril*; *Premier Mai*; *Journée du Maouloud*; *Journée de la Korité*; *Journée de*

Tabaski; *Lundi de Pâques*; *Jeudi de l'Ascension*; *Lundi de la Pentecôte*; *Journée du 15 Août*; *Journée de la Toussaint*; *Vingt-cinq Décembre.*

Article 7. – *Mois et jours de la semaine.* Sauf pour les fêtes légales, les mois ou les jours de la semaine ne prennent pas de majuscule : *lundi, dimanche, février, avril.*

Article 8. – *Noms propres.* On met une majuscule aux noms propres. Il n'est pas nécessaire de donner des exemples de noms propres : seuls les cas particuliers seront retenus. Dynasties : *Les César, les Borgia...* Marques : *Un Cinzano, une fermeture Éclair, des Frigidaires, une Peugeot...*

Cependant, beaucoup de noms propres sont devenus des noms communs : *camembert, une jeep, un lebel.*

Toutefois lorsque ces noms communs sont précédés d'un nom d'espèce, ils redeviennent noms propres : *un fusil Lebel.*

Style : *Un ensemble Empire.* Toutefois, si le nom propre est considéré comme adjectif, il ne prend pas de majuscule : *un ensemble pompadour, le style renaissance.*

Œuvres artistiques : *Un Renoir.*

Particules : La particule nobiliaire ou patronymique, si elle est incluse entre le prénom (ou le titre) et le nom, conserve la minuscule : *Alfred de Vigny.* Les particules étrangères prennent généralement la majuscule : *Rembrandt Van Rijn*, mais *Erick von Stroheim.*

Les articles contractés, « du » et « des », faisant partie intégrante du nom, prennent la majuscule : la mort de *Du Guesclin.*

Cependant, si la particule nobiliaire devait se trouver à côté de la préposition « de », il ne faut pas distinguer la particule de la préposition en mettant une majuscule *(les discours de De Gaulle),* mais tourner la difficulté en écrivant : *les discours du général de Gaulle.*

Article : L'article inclus dans le nom propre prend une majuscule : *Le Nôtre, La Fontaine.*

Article 9. – *Ordres et décorations.* Les noms des ordres civils, militaires ou religieux et les distinctions civiles et militaires comportant une hiérarchie prennent une majuscule au mot caractéristique : *l'ordre de la Libération, la médaille de la Résistance.* Telle est la règle, mais il est d'usage d'écrire au *Journal officiel, l'Ordre national du Lion.* En tout état de cause, la majuscule à l'adjectif doit être proscrite.

Article 10. – *Partis politiques, syndicats, associations.* Le nom qui entre dans le libellé d'un parti, d'un syndicat ou d'une association aux statuts déposés prend une majuscule : *l'Union progressiste sénégalaise, la Confédération nationale des Travailleurs du Sénégal, le Parti démocratique sénégalais.*

Article 11. – *Pays.* Les mots « confédération », « empire », « république » s'écrivent avec une majuscule s'ils sont suivis d'un adjectif *: Empire britannique*, mais *empire des Indes.*

Article 12. – *Peuples et races.* Les noms de peuples et de races prennent la majuscule : *Sénégalais, Français, Sarakolés, Polonais, Indiens, Brésiliens.*

Cependant, ces noms, pris adjectivement, ont la minuscule : *le peuple sénégalais.*

Article 13. – *Points cardinaux.* Les noms des points cardinaux sans complément de lieu prennent la majuscule *: Les plus belles fourrures viennent du Nord*, mais *au nord de l'Alaska. Il a une propriété dans le midi de la France.*

Cependant, les points cardinaux employés dans le sens de direction ne prennent pas de majuscule : *Se tourner vers le midi. Le vent souffle du nord.*

Les noms composés de points cardinaux ne prennent pas de majuscule : *le sud-est.*

Article 14. – *Sigles.* Les initiales d'organismes créent parfois des mots nouveaux : *Le Benelux, l'Unesco*. La règle usuelle est de composer les initiales en lettres majuscules séparées par des points : *l'O.C.A.M.* Cependant, la tendance est de supprimer les points : *l'OMVS.*

Article 15. – *Sociétés.* On met une majuscule aux noms ainsi qu'au premier mot quelle que soit sa nature : *la Société générale, la Compagnie Air France, l'Office des Postes et Télécommunications, la Régie des Chemins de fer du Sénégal.*

Article 16. – *Symboles d'unités.* Les symboles d'unités ne prennent une majuscule que s'ils dérivent d'un nom propre : *1 m (mètre), 1 A (Ampère).*

Article 17. – *Titres, personnalités, grades.* Les titres honorifiques ou professionnels prennent la majuscule : *Sa Majesté, Son Excellence, Monsieur le Président, Monsieur le Préfet, Monsieur l'Inspecteur, Monsieur le Directeur, le Révérend Père Bourieux, El Hadji Abdoul Aziz Sy, Cheikh Abdoul Ahad Mbacké.*

Les grades et les fonctions prennent la minuscule : *le général de Gaulle, le préfet, le gouverneur.* Cependant, employés en tant que titres honorifiques, ils prennent une majuscule : *Monsieur le Gouverneur.*

Le mot « ministre » s'écrit avec une minuscule. L'usage toutefois s'est établi d'écrire *Premier Ministre.* L'usage s'est établi, au Sénégal, de mettre aussi une majuscule au mot « ministre » lorsque le titulaire du département est visé en tant que tel mais sans référence à son département : *le ministre de l'Éducation nationale demande la parole. Le Ministre déclare…*

« Président » prend une minuscule quand le mot a valeur de désignation commune : *le président du Sénat, le président du Tribunal, le président Coty, le président-directeur général.* Mais il prend une majuscule dans une acception honorifique : *Monsieur Ndiaye, Président de section.*

Article 18. – *Titres d'ouvrages.* Le mot initial prend toujours la majuscule : *Le Figaro, À la Recherche du Temps perdu, Le Canard enchaîné.* Pour les titres d'ouvrages comme, d'une façon générale, pour les autres titres et outre le mot initial, les substantifs seuls prennent la majuscule.

Article 19. – Le ministre d'État, chargé de l'Éducation nationale, est chargé de l'exécution du présent décret qui sera publié au *Journal officiel.*

Fait à Dakar, le 10 octobre 1975.

Par le Président de la République
Léopold Sédar Senghor

Le Premier Ministre
Abdou Diouf

Le ministre d'État chargé de l'Éducation nationale
Doudou Ngom

Note

Telles sont les règles les plus généralement admises par les grammairiens sur le bon usage des majuscules. Il convient cependant, dans certains cas, de tenir compte des usages particuliers admis dans certains pays, lorsqu'une pratique officielle constante les fait apparaître comme une norme difficile à transgresser.

SES HUMANITÉS GRÉCO-LATINES SONT UNE SÈVE. Au lycée, et sans toutefois pouvoir partager avec d'autres cet amour instinctif des racines, il devine les similitudes des civilisations grecque et négro-africaine. Il découvre que le *aoïdos,* terme qui en grec ancien signifie « chanteur », ressemble à s'y méprendre au griot africain. Même éclat, même verve. Même faconde. Avec son obsession d'apporter de l'eau au moulin de ce qui n'est pas encore son projet de « civilisation de l'universel », il tentera même de comparer les *Odes* de Pindare avec celles de *Kim Ndyom,* sorte de chants de lutte inspirés par Marone Ndiaye, la poétesse de Fadiouh. Plus tard, dans *Chants d'ombre,* la mythologie romaine prend des allures épiques. Il recrée, dans « Que m'accompagnent kôras et balafong[23] », la légende de Virgile, celle d'Énée. Comme le héros troyen quittant Ilion en flammes s'exile avec quelques compagnons pour aller fonder une nouvelle patrie, Rome, les ancêtres mandingues du poète,

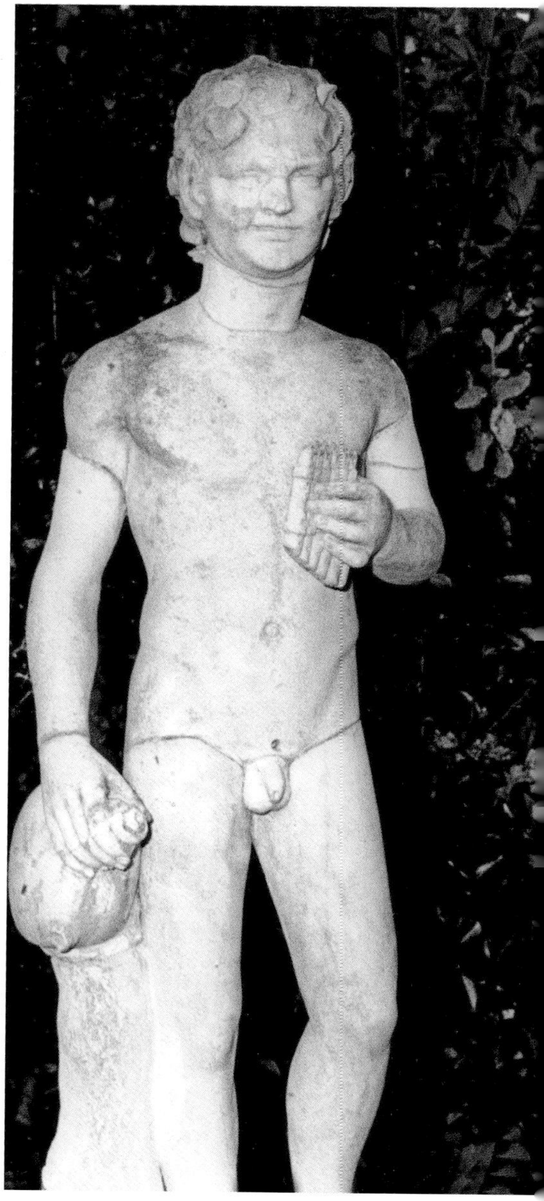

44. Méditations à l'antique dans un jardin normand. Verson, septembre 1982.

vaincus par les Peuls à la guerre du Gâbou, s'en vont fonder Djilor. Son amour-haine de la France procède d'une percée sans merci dans ses entrailles gréco-latines. Il la réveille, tel un croque-mort : en mordillant un doigt de pied. Juste pour constater que, même

haineuse, elle a existé comme il aurait voulu l'aimer. La fille aînée de l'Église n'a-t-elle jamais saisi que le grammairien catholique de Joal fut le plus fin connaisseur de cette porosité poétique entre l'esprit des civilisations, la puissance du religieux et l'universalité de ses valeurs ?

Bénis ce peuple qui m'a apporté Ta Bonne Nouvelle, Seigneur, et ouvert mes paupières lourdes à la lumière de la foi.
Il a ouvert mon cœur à la connaissance du monde, me montrant l'arc-en-ciel des visages neufs de mes frères[24].

En écrivant son *Anthologie de la poésie française,* l'ami Pompidou trouva le moyen d'oublier son condisciple de poète. L'ingrat. Qui, pourtant, mieux que le grammairien, a contribué de son vivant, et avec autant de curiosité scientifique, à explorer la langue française et sa poésie dans toutes ses arrière-cours ? De la « bêtise nègre » rimbaldienne au « maître-de-langue » Hugo, en passant par Baudelaire, Péguy, Saint-John Perse et l'inévitable Claudel, Senghor a charcuté tous les mots de leur langue pour élaborer la sienne. Au point parfois de s'en inspirer pour accoucher de ses propres versets. Un jour de septembre 1948, l'écrivain Armand Guibert, premier critique de son œuvre, reçoit une lettre de sa part le félicitant pour son « Oiseau privé ». Il n'oublie pas toutefois de rappeler à son destinataire qu'il « pourrait avoir l'impression de [le] relire » dans *Éthiopiques*, que l'auteur est en train d'achever…

On aime ou on n'aime pas, mais l'œuvre du poète s'inscrit, historiquement, assurément dans le périmètre culturel linguistique de la France. Pour mieux se faire comprendre, et faire entendre sa différence, le poète se plaît à résumer sa pensée par cette phrase définitive :

45. En khâgne au lycée Louis-le-Grand, 1931.
Au premier plan Pham Duy Kiêm et Georges Pompidou.

Le français est une langue essentielle, le négro-africain une langue existentielle.

Et sa poésie est une extrapolation universelle du génie des langages complices. « Le poème, disait Sartre, est une chambre obscure où les mots se cognent en ronde, fous. Collision dans les airs : ils s'allument réciproquement de leurs incendies et tombent en flammes[25]. » Il aurait pu l'écrire.

On lui reproche sa vanité. Mais elle est si subtile, si retorse, que le flagrant délit est impossible. Si vanité il y a, il faut la situer sur le registre intime de la consécration individuelle. Là où la quintessence de son talent occulte si bien celui des autres que le doute n'en finit plus de s'installer. N'y a-t-il personne d'autre ? Dans la cour des grands, quand il s'agit de vanter les mérites de la civilisation négro-africaine ou arabo-berbère, le grammairien anthropologue fait bande à part. Il aurait pu embarquer avec lui ses contemporains, qui, tels Cheikh Anta Diop, son compatriote, Ki Zerbo, le Burkinabé ou Hampâté Bâ, le Malien, sont aussi des férus d'histoire et de fins lettrés. Des hommes qui inspirent et qui créent. Non. Pour défendre ses thèses et grandir le continent noir, il préféra se passer de leur exemple, au profit de Blancs ou de métis. D'un Leo Frobenius, d'un Jean-Paul Sartre, d'un Jacques Maritain, d'un Gaston Berger. Ou d'un Césaire, cela va de soi. Toujours cette prétention à l'excellence solitaire mâtinée d'apports extracontinentaux. Dans un univers gréco-latin qu'il ressuscite à sa guise, il est vrai que le monde continue de n'avoir d'yeux que pour le héros, ce demi-dieu qui, seul, récolte la gloire.

Le 12 décembre 1969, lors de la remise de son épée d'académicien des sciences morales et politiques, le latiniste Robert Schilling, professeur à l'université de Strasbourg, lui rend un hommage appuyé. Dans son discours, pour faire écho à la volonté du poète de « réveiller les énergies des profondeurs abyssales », il évoque longuement l'imposante liturgie de la *renovatio* séculaire qui se pratiquait dans la Rome antique. Elle consistait en la célébration de jeux associés à des cérémonies religieuses. Ils sont restés célèbres parce qu'à cette date la Rome victorieuse mais épuisée a voulu, sous l'impulsion d'Auguste, renouveler l'alliance avec ses dieux, affirmer sa foi dans un nouvel âge d'or. Un hymne est né qui traduisait ces espérances. Ce fut le *Chant séculaire* d'Horace. À ce moment précis, l'académicien se fige. Immobile. Son visage s'illumine. Il vient, à soixante-trois ans, d'apprendre. Sans vraiment le pressentir, le professeur Schilling avait ému le poète. Dans ces moments-là, il rentre en grâce. Comme lorsqu'il rendit lui-même, quelques mois plus tard, un hommage à l'ancien chancelier allemand Konrad Adenauer. La solennité du sujet, celle du contexte, le transportent littéralement dans un au-delà qui le rapproche un peu plus de l'éternité. Il est touchant.

LA FEMME EST SA MUSE. AU FOND, ÇA L'AMUSE. Le fervent catholique, qu'il est au demeurant, ne s'embarrasse pas, poétiquement parlant, des pudeurs qui entourent la noblesse du sexe faible. Inspiré par ce qu'il nomme les « trois grâces » de son enfance, les poétesses Siga Diouf, Comba Ndiaye et la fatale Marone Ndiaye, le poète ravi s'égaye de leur beauté en se livrant à une débauche d'images et de mots qui transgressent allègrement sa contenance judéo-chrétienne.

Et je suis beau, comme un coureur de cent mètres, comme l'étalon noir en rut de Mauritanie.
Je charrie dans mon sang un fleuve de semences à féconder toutes les plaines de Byzance
Et les collines, les collines austères.
Je suis l'Amant et la locomotive au piston bien huilé[26].

Veut-il s'excuser de son académisme poétique ou bien cherche-t-il à transmettre sa conception idéalisée de la femme ? « Son corps, terre profonde ouverte au noir semeur[27]. » Avec cette franchise poétique qui le caractérise, Senghor rappelle à ceux qui se contentent d'approximations esthétiques les nuances « qui vont du noir ébène à l'acajou clair » de cette peau noire ennoblie par « trois cents jours d'ensoleillement par an ». Puis, fidèle à son besoin de donner des explications scientifiques, il profite de la préface d'un remarquable album de photographies consacrées à la femme noire[28] pour célébrer sa beauté plastique :

Elle peut se dispenser des crèmes et autres produits de beauté, la

46. Senghor et sa seconde épouse, Colette Hubert, fin des années 1950.

nature tropicale y ayant déjà pourvu en la dotant d'une peau douce, tendre, faite pour les confidences et caresses nocturnes [...]. *Pour réagir à l'ardeur du soleil, la peau sécrète, en effet, une substance huileuse et noire, la mélanine, qui adoucit la peau en la protégeant contre les rayons ultraviolets.*

La glorification de la noirceur va de pair avec un culte narcissique du sexe qui emporte le poète dans une sorte de frénésie fantasmatique.

47. ***Black ladies*, album de photographies de femmes nues africaines, préfacé par Senghor. Éditions du Jaguar, 1986.**

La terre sombre de ta peau et féconde, généreusement il l'arrose de la tornade séminale[29].

Pour avouer, plus prosaïque, que «le sexe est une antenne au centre du multiple, où s'échangent de fulgurants messages[30]». On l'a dit, sa poésie est une construction féminine de sa pensée. Alors, par moments, il se laisse emporter dans les paradis érotiques les plus délurés pour fantasmer, en fanfare, sur la démesure de sa virilité.

– Un lac aux eaux graves dort dans son cratère qui veille.
Seule, je sais, cette riche plaine à la peau noire
Convient au soc et au fleuve profonds de mon élan viril[31].

Quand le poète se rhabille pour endosser son costume d'homme d'État, sa dette à l'endroit des femmes est certes honorée. Mais de manière plus institutionnelle. Il fait des efforts significatifs pour saluer leur intelligence, en nommant certaines de ses compatriotes à des postes gouvernementaux. Avec mesure. Il est le Dr Jekyll et le Mr Hyde de l'univers des sexes, un être tout entier ciselé dans de multiples positions et qui exploite jusqu'à plus soif les attributs de ses pouvoirs. Une élégance protéiforme qui force le respect.

Au fond, c'est un joueur de pipeau, pas de grandes orgues. Il a beau s'ébrouer pour caresser la volupté dans tous les sens du poil, sa poésie érotique est un paratonnerre invisible, destiné à le prémunir discrètement contre ces orages insensés qui le calcinent à petit feu.

La France, *la* religion, *sa* mère, *la* politique, *sa* terre, *sa* langue, *la* négritude, *la* poésie, *l'*Afrique, *l'*Europe, *sa* Normandie : tout est féminin. Tout son univers est une constellation de *signare* étincelantes, ces dames de qualité qui façonnent l'imaginaire sérère de leur noblesse conquérante. Il en use et en abuse sans retenue, juste pour cultiver sa puissance nègre.

Je sais [...] que je bondirai comme l'annonciateur, que je manifesterai l'Afrique comme le sculpteur de masques au regard intense[32].

Le féminisme à l'occidentale le dépasse. À l'endroit de tous ces mouvements qui, dans les années soixante en Europe ou aux États-Unis, parlent de libération de la femme, il fait montre d'une souveraine perplexité. Sa conviction, c'est de ne pas confondre l'homme et la femme :

Il ne s'agit pas d'une égalité mathématique, mais d'une égalité complémentaire, pour parler comme Pierre Teilhard de Chardin. Le plus important ne sont pas les conquêtes matérielles, mais les conquêtes spirituelles.

Quand il s'agit de secouer le cocotier, de montrer du doigt les pourfendeurs des bonnes vieilles valeurs, la mère patrie coloniale lui sert de bouc émissaire. Dans tous les domaines. Au travers d'une escapade historique dont il a le secret, le chef de l'État sénégalais vient emboucher les trompettes de la décadence, claironnant son indignation devant le laisser-aller général qui conduit son peuple à se conduire comme les Français :

La France, depuis le retour du Sénégal en son sein, sous la Restauration, avait pris l'habitude de céder à nos caprices : les gouverneurs généraux faisaient plus de démagogie que d'éducation civique. On voulait des Franco-Sénégalais qui seraient soumis corps et âme. Le résultat est que nous avons commencé, nous élites sénégalaises, par prendre les défauts des Français, dont le goût du confort bourgeois en même temps que du verbalisme gauchisant.

Et de rappeler au passage qu'en 1965 le revenu par tête d'habitant des Sénégalais est six fois moins élevé que celui des Français. « Et bien, s'énerve-t-il, que croyez-vous ? Nous lisons *Le Monde*, *L'Express*, voire *L'Humanité*, mais on ne renoncera ni au pain, ni aux pommes, ni au plateau de fromages, sans parler de l'automobile et du Frigidaire. » La sournoise occidentalisation cadencée des esprits africains est probablement sa seule terreur. S'il ne la contient pas, le temps de redonner à son peuple son orgueil, il se sait perdu.

48. Couverture de l'album édité à la suite du Festival mondial des arts nègres, Dakar, 1967.

CHAQUE MATIN IL PENSE AU SUICIDE. PLUS LES ANNÉES PASSENT, PLUS LE DÉSESPOIR L'ENVAHIT. Et c'est son corps qui, chaque jour, vient à sa rescousse, pour le libérer. Méthodiquement. Natation, gymnastique. Enchaînant des mouvements étudiés, une respiration cadencée. La sueur le lave des miasmes quotidiens qui lui pourrissent la vie. Puis il fixe le ciel, les nuages, les arbres. À l'heure convenue son surmoi réapparaît. Propre. Net.

Chaque jour, quinze minutes de sieste autour de quatorze heures, pour retrouver l'éclat. Vers dix-sept heures, enfin, il sait qu'une muse quelconque le distraira de sa charge harassante. Des mots qui se cognent depuis le matin dans son crâne bouillonnant viendront se déverser en silence sur des feuilles de papier.

Sa sérénité, parfois surréaliste, que d'aucuns perçoivent comme une extravagance, est à ce prix. Comme cette ponctualité, parfois obsédante, qui vient le «tenir» dans la fébrilité de son emploi du temps. Elles sont les antidotes existentiels d'une oppression de plus en plus visible, qui ronge, année après année, un homme taraudé par le devoir.

L'Afrique ne l'aime plus assez. Pas assez en tout cas pour qu'en retour il l'écoute. Elle l'écoute. Le bâtisseur de ponts érige des murs le temps de concocter de quoi reprendre la main. Le Sénégal découvre un Machiavel nègre, plus retors que son Prince. Quand, dans les années soixante, les étudiants le vilipendent et que ses opposants le provoquent, quand la sécheresse vient surprendre ses paysans, son génie est à la mesure des coups tordus des hommes comme de ceux de Dieu. Le dépositaire de la foi sur terre trouve les mots justes pour, tout à la fois, apaiser et punir. Promettre et exiger. Mais quand le mal est fait, l'Histoire rétrécit. Comme si la puissance de son être venait à se fissurer. Et son idéal de la « civilisation de l'universel » se fracasse silencieusement sur les consciences. « Ils ne m'entendent pas, ils ne me comprennent plus »

Il rejoint ses cimes et se remet à penser.

Il pense à la France.

Aux siens.

Au fond, il pense que c'est foutu.

Il se cramponne alors à l'essentiel, tente par tous les moyens de maintenir la *distance*. Mais quand les litanies viennent altérer sa faculté de régenter, que les mots peinent à expliquer les choses, comme un plongeur en eaux profondes il prend le temps de respirer à l'économie, puis, serein, remonte à la surface retrouver l'oxygène et intercepter la lumière.

Ce qui nous unit, c'est l'esprit de la Civilisation, des civilisations, par quoi se définit la Culture. C'est l'Esprit, qui est raison et imagination, liberté créatrice[33].

Il n'a de cesse de marteler à son peuple que la culture est supérieure à la politique ; « La culture, c'est ce mouvement centripète par quoi l'homme s'assimile la nature en la domestiquant ». Mais l'humaniste fabrique du dogme sans le savoir. Imagine-t-il vraiment ce qu'en pensent les bergers de Djilor, les pêcheurs de Saint-Louis, tous ces jeunes Sénégalais qui l'admirent mais sentent avec effroi que les gens du Nord sont en train de leur damer le pion ? Que la radio, la télévision importent sur le sol africain les mirages les plus insensés ? Sa conception de la culture est si magnifiée que d'aucuns peinent à le suivre. Un matin de l'été 1979, il décide d'aller à Bayreuth écouter Wagner. Tout naturellement, le protocole l'installe aux meilleures places. La foule le surprend en train de transpirer d'émotion et de gesticuler pendant *Parsifal*. Il s'en moque. Il vit l'art comme une transcendance, une communion. Peu importe si, ce soir-là, il est le seul Africain dans la salle. Mais sa tasse de thé, c'est le grégorien. Depuis que, sur le tard, les bénédictins de Keur Moussa lui ont susurré que ce chant est la plus belle synthèse des apports de l'Europe, de l'Orient et de l'Afrique, il lui voue un culte sans retenue.

Puisque négritude se confond avec culture, que Dakar est ouverte à tous les vents, montrons au reste du monde, clame-t-il, que l'art nègre vaut bien une grand-messe ! Quelle affaire, ce Festival mondial des arts nègres ! Cette année 1966 est celle de son apothéose. Une démesure d'énergie, d'amour, de folie. Tout ce qui compte d'artistes noirs, de poètes et d'intellectuels du monde entier est venu, sur ses terres, célébrer son inspirateur. Senghor est partout. Accueille, honore, admoneste, dirige, dépense, ordonne, danse, chante, et converse. Une véritable catharsis. Peu importe les récalcitrants. Pour la première fois peut-être il procède à la fusion totale. De ses rêves, de son peuple, de son moi, de ses espérances, et de son labeur. Des Blacks, des Blancs, des métis. Ça prend, mais au prix d'une mise en scène laborieuse, qui révèle quelques désillusions. « L'émotion est nègre, la raison hellène », devait-t-il déclarer un jour de certitudes. Un peu court quand le chantre de la symbiose est aux commandes.

Venons à la culture, puisque c'est son champ de bataille :

Depuis qu'un masque nègre apparut, comme un fantôme, dans un bistrot de Paris, depuis que la première trompette bouchée retentit sur

49. ***(Double page suivante)*** **Duke Ellington saluant Senghor à l'occasion du concert qu'il donna au Festival, 1966.**

les charniers de la Première Guerre mondiale, on ne peint plus, on ne sculpte plus, on ne chante plus, je dis : on ne pense plus ; du moins on ne vit plus de la même façon de par le monde. La chaleur s'est communiquée, le dialogue s'est engagé de l'homme à l'homme, qui a repris le goût de vivre[34].

Alors, Senghor eut en tête de créer à Dakar un gigantesque musée des Civilisations en vue de rapatrier au Sénégal toutes les œuvres africaines disséminées à travers le monde. Une maquette fut construite dès 1960, modifiée plusieurs fois par ses soins. Puis, plus rien. Il en sortira tout de même le Musée dynamique, institution qui devait, un temps, permettre à une nouvelle génération de plasticiens et de

50. Michel Leiris, Aimé Césaire, Geneviève Calame-Griaule et M. Obama lors du colloque organisé à l'occasion du Festival, 1966.

danseurs de sortir du rang. Et d'un théâtre majestueux, central, qui prit le nom de Daniel Sorano, un acteur métis, célèbre pour ses interprétations de classiques du théâtre français.

À l'instar de celle d'Aubusson, dont il est un admirateur inconditionnel, Senghor inaugure le 4 décembre 1966 la Manufacture nationale de la tapisserie et invite les jeunes artistes sénégalais à « trouver rapidement un style national et des techniques modernes accordées à notre temps ».

Son impatience et son excès de volontarisme dans le domaine de l'art, ses ambitions surtout, se sont heurtés à une incompréhension des artistes, qui voyaient dans sa politique culturelle une manière bien à lui de « forcer le destin de la Négritude », selon les mots d'Alioune Badiane, alors directeur de l'École nationale d'art[35]. Dans le même temps, il honore à souhait la majesté des œuvres du patrimoine… hexagonal, dont la Comédie-Française est à la fois la vitrine, l'étendard et l'excellence. Lorsque le Ballet de Maurice Béjart fit à plusieurs reprises rayonner Dakar de sa superbe, qui savait, au fond, que l'illustre chorégraphe belge était aussi le fils du philosophe métis Gaston Berger, dont le chef de l'État était un inconditionnel ? Des excès pas toujours très bien « métissés », dans l'esprit de ses administrés. Senghor s'en tracasse modérément, convaincu que la compréhension de cette symbiose dialecticienne qui sous-tend ses convictions est une œuvre laborieuse et de longue haleine.

51. Le Musée dynamique de Dakar en 1966.

La culture est l'Alpha et l'Oméga de la politique : non seulement son fondement, mais son but[36].

Et le poète de chercher des alliés. Chez les Dravidiens du sud de l'Inde, chez les Papous d'Océanie, là où la négritude somnole. De récupérer à la faveur d'un mot les filiations. Ah, les ingrats ! Picasso : « L'art nègre ? Connais pas. » Apollinaire : « Nul doute que la transmission des modèles traditionnels ne puisse être considérée comme une des règles principales de cet art. » Cocteau : « La crise nègre est devenue aussi ennuyeuse que le japonisme mallarméen. » Juan Gris : « Les sculptures nègres nous donnent une preuve flagrante de la possibilité d'un art anti-idéaliste. » Heureusement il y a Matisse, Léger, Braque. Eux ne bronchent pas. En tout cas, ils n'en disent rien. Lui, par une extraordinaire faculté de plonger dans l'Histoire, remonte à sa surface et, péremptoire, dit :

Ainsi donc, l'humanisme négro-africain répond parfaitement à l'attente de l'humanisme contemporain. Des artistes tels que Picasso ou Braque ont déjà intégré le style nègre dans leurs œuvres. Celles-ci n'en sont que plus belles, plus riches, plus universelles[37].

Il décide de réveiller les âmes en franchissant allègrement les territoires de la raison, dénonçant au passage ceux qui ne veulent pas comprendre :

Car la race noire, plus que toute autre, fut la victime des grandes découvertes. La Renaissance européenne s'est édifiée sur les ruines de la civilisation négro-africaine, la force américaine s'est engraissée de la sueur et du sang nègres. Deux cents millions de morts que la traite des nègres a coûté à l'Afrique. Mais qui dénombrera les richesses perdues[38] *?*

Et tous ces tirailleurs sénégalais qui, au nom de la France, sont allés à la boucherie en chantant *La Marseillaise*? Et de conclure :

Grâce à Dieu, la flamme ne s'est pas éteinte, le levain est resté au fond des cœurs et des corps meurtris, qui permet aujourd'hui notre Renaissance[39].

Mystique quand il le faut.

52. Mai 1911, à Dakar : embarquement de tirailleurs sénégalais.

HCMLX
Général
Toussaint Louverture
Président
Léopold Sédar Senghor

SA NÉGRITUDE EST UNE RITOURNELLE GUERRIÈRE. ELLE USE DES CANONS DE LA PENSÉE POUR VISER JUSTE. ELLE FAIT MOUCHE. Et indispose :

L'Europe, c'est la civilisation de la raison discursive : de l'analyse, de la mathématique, de la mécanique. Vos tentations, auxquelles vous avez parfois succombé, c'est la dichotomie et, partant, l'idéalisme et le matérialisme. Vous avez trop souvent opposé l'esprit et la matière, la raison au cœur, la science à la foi – ou à l'art – pour ne pas vous être aperçus du danger. Le danger de créer un monde de machines, sans âme, je veux dire sans chaleur humaine[40].

Le XXIe siècle est en train de lui donner raison. Comme si de rien n'était, et malgré les calamités qui aujourd'hui rongent l'Afrique, l'âme du continent noir est intacte. Tandis que l'Occident, repu, oublieux des vertus spirituelles qui ont pourtant nourri son Histoire, continue de croire qu'il peut s'en dispenser. L'hystérie hédoniste bon enfant qui caractérise aujourd'hui les vivants a vaincu l'œcuménisme vaporeux de ces croyants qui,

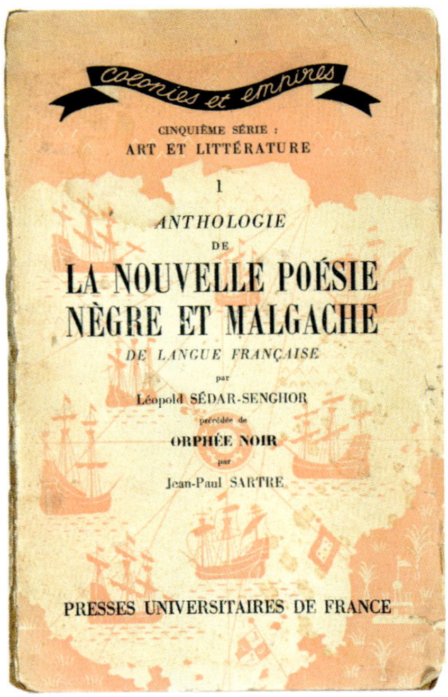

53. Image à la double effigie du président Senghor et du général Toussaint Louverture (1743-1803), grand libérateur du peuple haïtien et victime de la répression bonapartiste.

54 et 55. ***(Double page suivante) Anthologie de la nouvelle poésie nègre et malgache de langue française*** **établie par Senghor, avec une préface de Jean-Paul Sartre, PUF, 1948, collection « Colonies et empires ». Édition originale. Page de couverture et double page intérieure du sommaire – où Senghor et Césaire se coudoient.**

comme Senghor, ont longtemps cru que le mystère était le parapet de l'insouciance.

Non. Le fossé est décidément plus large et plus profond qu'il ne l'imaginait.

Il aurait aimé faire cette trouvaille du rebelle Césaire, qui jeta un jour à la face des Européens : « 2 et 2 font 5 ! » Rien que pour leur dire : « Nous sommes pourtant des hommes et nous ne pensons pas comme vous. » Ces deux-là font la paire : au Sénégalais le fleuret, à l'Antillais le bazooka. Dans ces années d'après-guerre, Sartre, Gide ou Camus, leurs complices, avaient bien vu où ils voulaient en venir. Mais Saint-Germain-des-Prés est à Paris. Les journaux, les radios, puis la télévision captent l'écume de leurs mots puis les jettent en pâture à la terre entière. La guerre froide, territoire d'excitation des idéologies dominantes, est devenue le terreau fertile d'une francophonie intellectuelle engagée. Pas l'Afrique.

Pas tout à fait. La préface de Jean-Paul Sartre à l'*Anthologie de la*

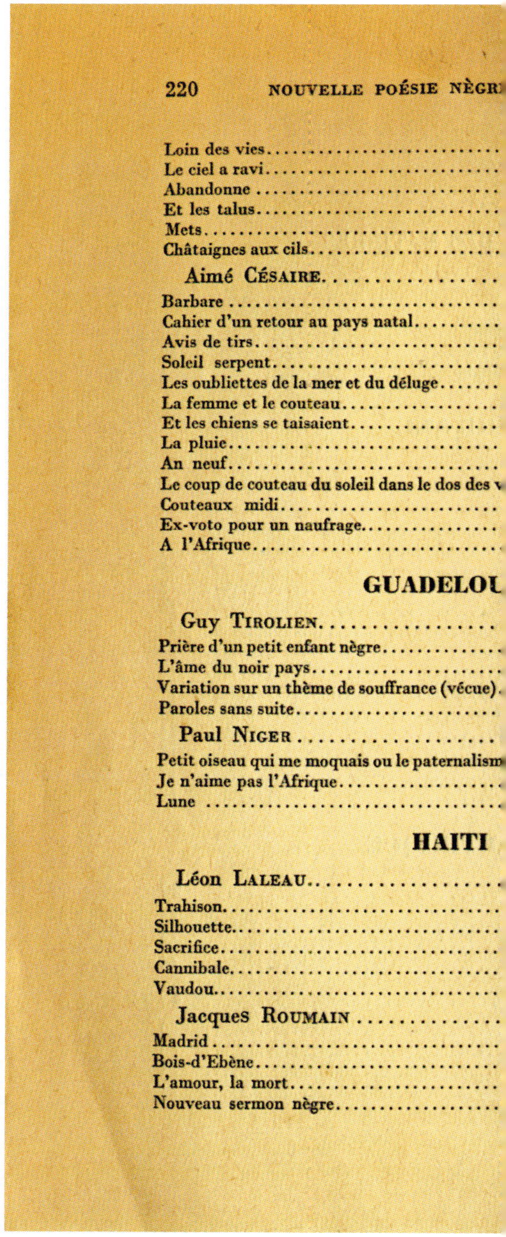
220 NOUVELLE POÉSIE NÈGR

nouvelle poésie nègre et malgache de langue française[41] établie en 1948 par le poète sénégalais en dit long sur les aspirations lancinantes des intellectuels occidentaux à creuser plus profond encore :

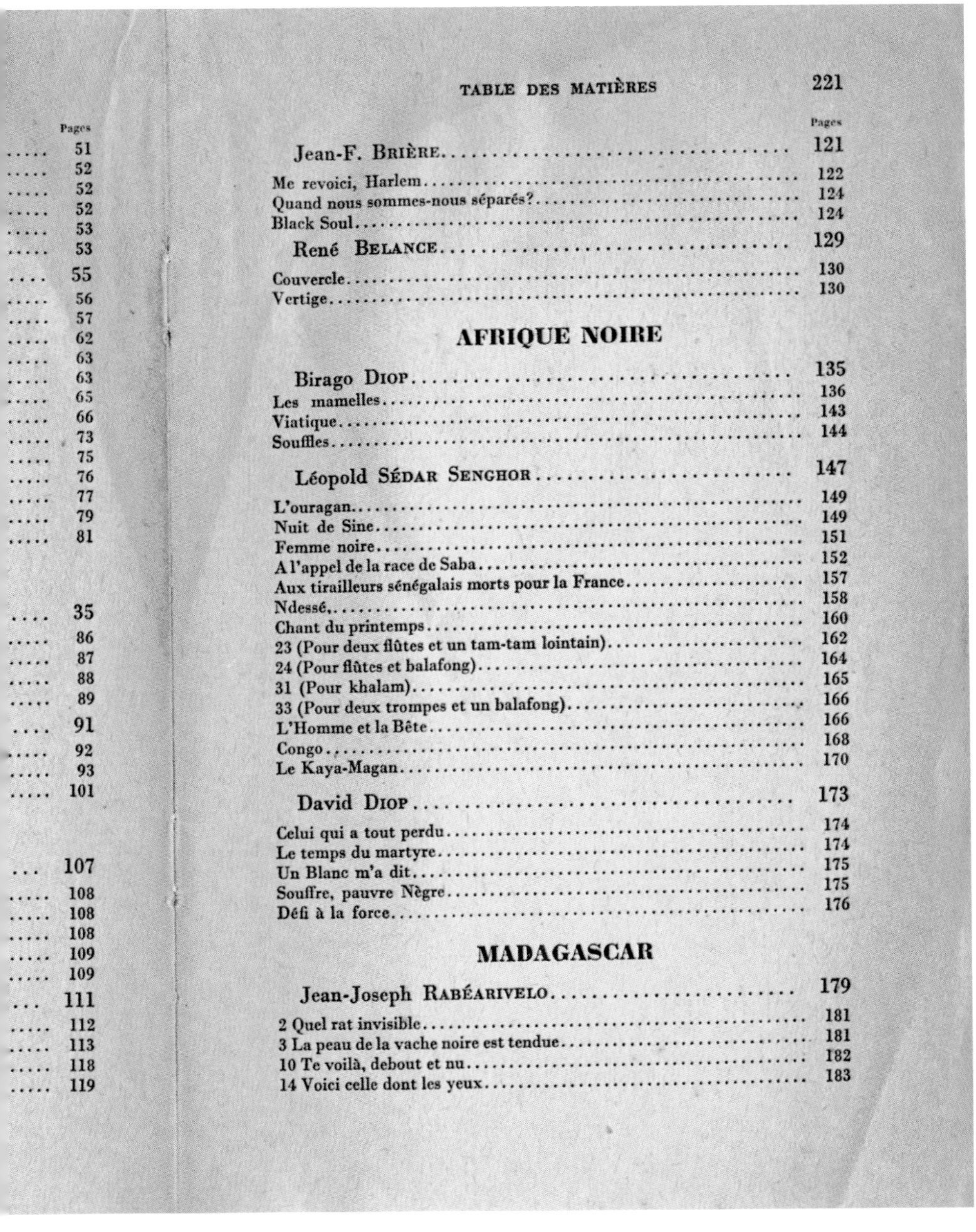

TABLE DES MATIÈRES 221

Il faudra bien pourtant, dit le philosophe, *briser les murailles de la culture prison, il faudra bien, un jour, retourner en Afrique : ainsi sont indissolublement mêlés chez les « vates*[42] *» de la négritude le thème du retour au pays natal et celui de la redescente aux enfers éclatants de l'Âme noire. Il s'agit d'une quête, d'un dépouillement systématique et d'une ascèse qu'accompagne un effort continu d'approfondissement. Et je nommerai « orphique » cette poésie parce que cette inlassable descente du nègre en soi-même me fait songer à Orphée allant réclamer Eurydice à Pluton*[43].

Senghor est satisfait. Mieux, son compère donne le *la.* Suffisant pour creuser un sillon.

Le 19 septembre 1956, les écrivains noirs tiennent leur premier congrès en terre occidentale. À la Sorbonne. Tout un symbole. Alioune Diop, initiateur de *Présence africaine*, est leur porte-drapeau. L'Américain Richard Wright est présent. Édouard Glissant et Frantz Fanon aussi. Le grammairien sénégalais au mieux de sa forme entonne l'hymne des réconciliations. Histoire de dépouiller la négritude des oripeaux de la ségrégation.

On ne l'avait pas compris. On ne les avait pas compris. Le temps,

56. Au Congrès des écrivains et artistes noirs, organisé par *Présence africaine* à la Sorbonne, Paris, 19-22 septembre 1956. Senghor avec l'écrivain américain Richard Wright.

les intelligences ont fait leur œuvre. « Il ne s'agissait pas, il ne s'agit pas de racisme mais d'un humanisme pan-humain[44]. » Sortir par le haut en tendant la main :

Nous savons que la colonisation est un phénomène universel, qui, à côté de ses aspects négatifs, a certains aspects positifs[45].

Courage. Hardiesse.

Les peuples, quand ils se rencontrent, se combattent certes, mais ne s'anéantissent plus : ils se métissent[46].

Sa « civilisation de l'universel » commence à avoir de la gueule.

On lui doit cette sagesse.

On lui doit cette lucidité.

Le prix à payer pour la grandeur.

Les années soixante finissent comme elles n'auraient jamais dû. Les peuples de la planète pressentent l'agonie des dogmes. Il va falloir crier. Se remettre à rêver. À Atlanta, Cuernavaca, Bombay ou Johannesburg, on entend, au loin, des paroles de

57. Au Congrès. Troisième à droite : Aimé Césaire.

58. Séance de signature pour Senghor, au Congrès.

paix, des appels à la fraternité. Celles et ceux de Martin Luther King, Illich, don Hélder Câmara, Gandhi ou Mandela glissent dans les airs comme des bulles d'oxygène. Il faut de nouveau respirer. À Dakar, le maître du palais n'est pas loin de *sentir* un autre monde. Alors, il imagine installer, en face, à Gorée, cette île jadis embarcadère d'esclaves, une université des Mutants, sorte de phare intellectuel où des hommes de partout viendraient, pour apprendre à se comprendre, partager le meilleur d'eux-mêmes. Mais le chef de l'État n'en a pas fini avec son Sénégal, ni le poète de puiser à la source.

Il m'a donc suffi de nommer les choses, les éléments de mon univers enfantin, pour prophétiser la Cité de demain, qui renaîtra des cendres de l'ancienne, ce qui est la mission du poète[47].

Le monde ne le prévient pas. Alors il fait avec, et, du haut de son magistère, se met à achever son œuvre. Au forceps. Sous les regards incongrus d'un peuple qui piaffe. Et des « grands Blancs » qui s'agitent. Les indépendances sont décidément un plat de résistance qui se mange froid. Les ogres sont légion et les vengeances calculées au plus juste. Il voulait une grande Afrique de l'Ouest rayonnante et solidaire, il ne récolte qu'un amas de souverainetés précaires qui gigotent et grenouillent sur des terres qu'il croyait sœurs. Ses pairs sont ingrats. Pendant qu'il s'acharne à démocratiser à la hache, les autres, à Nouakchott, Conakry ou Abidjan s'affairent à flairer le danger, construire des bunkers dorés et s'inventer des empires. Et, de temps en temps, à ricaner dans son dos. Lui s'applique à fabriquer une nation éternelle, puis décide qu'il faudra partir.

59. *Élégie pour Martin Luther King*. Manuscrit autographe.

3ème version — 1 (1

Cependant que s'évaporait comme l'encensoir
le cœur du pasteur
Et que son âme s'envolait, colombe diaphane qui monte
Voilà que j'entendis, derrière mon oreille gauche, ~~Sa~~ le battement lent du tam-tam.
La voix me dit, et son souffle rasait ma joue:
"Écris et prends ta plume, fils du Lion!" Et je vis une vision:
Or c'était en belle saison, sur les montagnes [du Sud guinéen] du Fouta-Djallon
Dans la douceur des tamariniers. Et sur un tertre
Siégeait l'Être qui est Force, rayonnant comme un diamant noir.
Sa barbe déroulait la splendeur des comètes; et à ses pieds
Sous les ombrages bleus, des ruisseaux de miel blanc et de frais parfums de
Alors je [Vraix] reconnus, autour de ~~sa~~ sa Justice sa Bonté, confondus les élus et les Noirs et les Blancs
Tous ceux pour qui Martin Luther avait prié.
Confonds-les, doux Seigneur, sous tes yeux ~~noirs~~ sous ta barbe ~~si blanche~~:

latine
Coletta amat
Coletta

IL N'EN PERD NI SON LATIN NI SON GREC. NI SON FRANÇAIS. AU FUR ET À MESURE DES ANNÉES, SON PARLER TROUVE UN RYTHME, UNE PUISSANCE, UNE AMPLITUDE. Tant de discours, tant de lyrisme, tant d'imagination et de répétitions pour vaincre l'ignorance. Trente-sept titres de docteur honoris causa dans les meilleures universités du monde et sur toute une vie. Qui mieux que lui s'est lové à ce point dans le verbe pour mieux frapper la communauté des consciences? Sa langue est son être. Son corps, son esprit. Il la modèle, la métisse, l'embellit.

Mais c'est l'expression qui donne à l'idée son existence, à l'homme son être. In principio erat verbum. *Et, comme nous l'apprend la mythologie négro-africaine de la Parole, c'est par la parole que Dieu créa les hommes et tous les êtres qui, auparavant, gisaient informes, en son sein. Et Dieu donna mission à Nommo, le premier homme, d'enseigner aux autres hommes, qui étaient muets,*

60. Au tableau noir : leçon de latin à son fils Philippe durant les vacances, Verson, 6 août 1969.

comme des poissons. Et Nommo leur enseignait à travailler en même temps qu'à parler[48].

Comment a-t-il retenu la leçon ? Pourquoi, chez lui, la parole est-elle action ?

C'est-à-dire que l'expression se confond avec la culture, qui encore une fois est création : création dialectique par interaction de la parole et du geste, de l'homme et de la nature. Or c'est la linguistique, pratiquement la grammaire en tant que science du langage, et la pratique des langues qui entraînent le plus efficacement à l'expression. Elles ajoutent à l'esprit de géométrie, que donne la mathématique, l'esprit de finesse, qui, seul, fait de la culture un humanisme, c'est-à-dire une création de l'Homme intégral[49].

Inquiet de la cadence des conflits intra-africains qui enveniment les relations de bon voisinage, et de la désagrégation lente et sournoise de ce qui ressemble encore à l'altérité, le prophète en revient aux fondamentaux. Des discours simples, directs, destinés à heurter. Voués à déplaire.

Cette civilisation de l'esprit, née des vertus complémentaires de l'entendement et de l'intuition, voici qu'elle est aujourd'hui contestée par des idéologies qui donnent non seulement priorité mais primauté à la matière, et qui offrent aux jeunes une conception eudémoniste de la vie, conception dont les effets débilitants sont manifestes[50].

Nous sommes en 1973. La guerre du pétrole va commencer

61. Tiré à part d'un article paru dans *Vita latina*, n° 51, 1973.

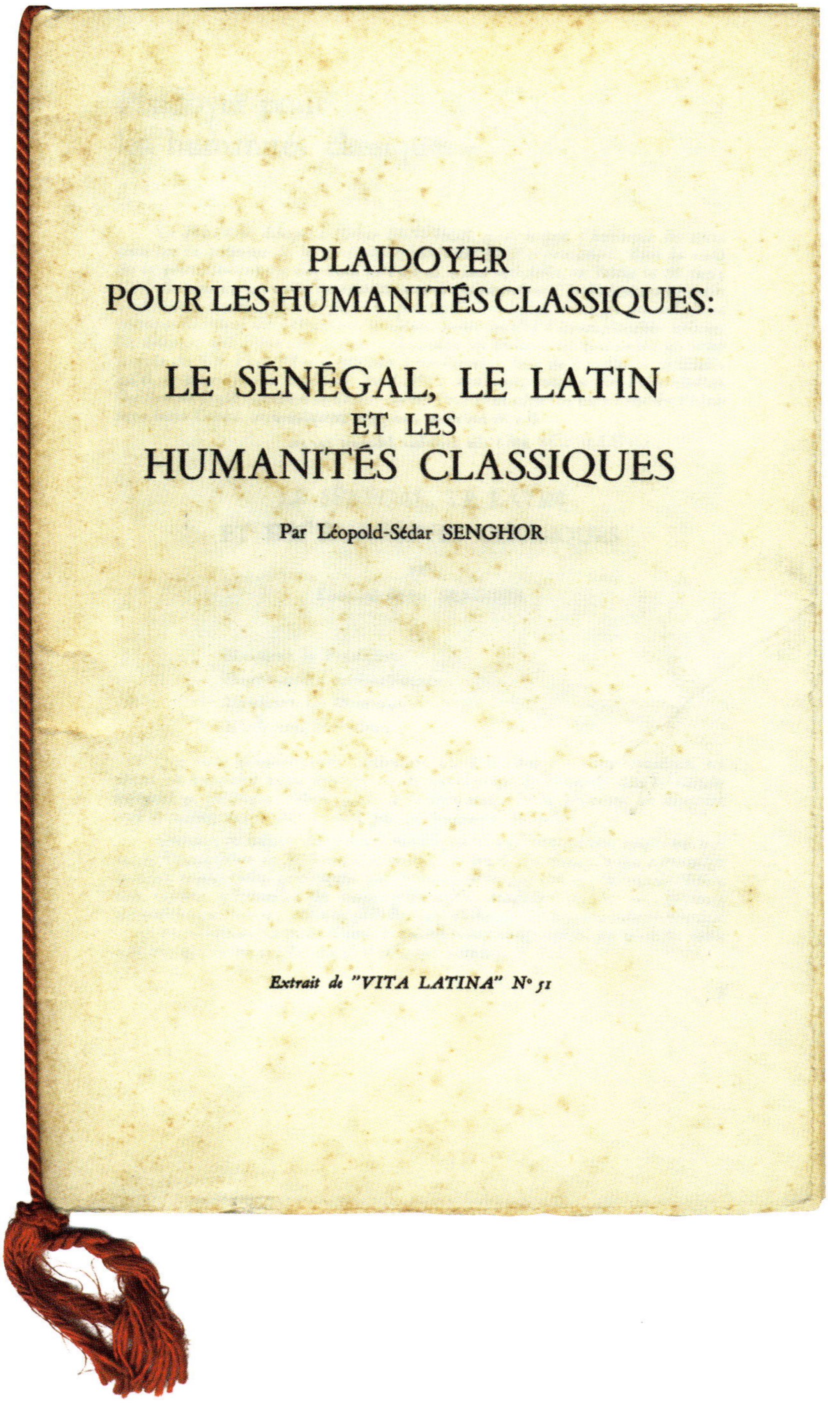
PLAIDOYER
POUR LES HUMANITÉS CLASSIQUES:

LE SÉNÉGAL, LE LATIN
ET LES
HUMANITÉS CLASSIQUES

Par Léopold-Sédar SENGHOR

Extrait de "VITA LATINA" N° 51

et le monde oublier ses enfants sur les bas-côtés de la modernité. Les systèmes éducatifs promis à la formation des esprits libres se métamorphosent en machines à produire des *têtes bien pleines*, sous l'œil médusé de démocrates stupéfaits. Montaigne nous avait pourtant prévenus. Mais il est trop tard. L'école et l'université, en Afrique comme ailleurs, n'échappent pas à la spirale de la massification, au flux d'informations factuelles dispensées sur les ondes. Malgré les priorités budgétaires, malgré la volonté politique, la transmission des connaissances bute sur un *système*. L'humaniste en chef des destinées africaines était trop intelligent pour ne pas savoir qu'éduquer un peuple nécessitait de la discipline, de l'argent et des enseignants formés comme il l'a lui-même été. Que pouvait-il pourtant faire de mieux que d'entreprendre cet immense chantier? Consacrer près de trente pour cent du budget de l'État à cette cause, dessiner lui-même les contours d'une formation de l'esprit où la linguistique et les mathématiques tiennent le haut du pavé. Où l'enseignement du français, ajouté à six autres langues nationales, constitue la base de l'apprentissage du langage, auxquelles il faut ajouter six langues étrangères, l'arabe, et évidemment le latin et le grec. Qui dit mieux? Son obsession de former brillamment les nouvelles générations de son pays est à la mesure des déceptions qu'il rencontre lorsqu'il fait valoir cette exigence.

Nous devons reconnaître qu'actuellement, pour une grande partie de l'humanité, l'échelle des valeurs a perdu toute signification[51].

Aveu d'échec ou simple constat d'impuissance politique? Toujours est-il que ses espoirs de gagner le combat de l'esprit lui ont semblé perdus le jour où il comprit, simplement, que ses enfants ne trouveraient pas de travail. La nation sénégalaise immergée dans une économie mondialisée, bancarisée, n'a pas le temps de montrer l'exemple. Son brillant Premier ministre et successeur désigné Abdou Diouf, fidèle parmi les fidèles, se prépare à des lendemains qui déchantent.

Lui, remonte sur ses cimes
Crie son envie de vivre à tous les vents
Exalte les grands
À faire œuvre d'humilité
Et ses frères africains
À besogner.

62. Senghor trempant dans l'encrier une plume d'autruche, lors de la Journée des écrivains africains à la Maison de l'Afrique, Paris, 14 décembre 1978.

IL NE FAIT JAMAIS DE BILAN. SEULEMENT DES « EXAMENS DE CONSCIENCE ». C'EST PLUS NOBLE, PLUS DISCRET. MOINS CARTÉSIEN.

Il faut tuer en nous le vieil homme des égoïsmes, des routines, des préjugés. C'est notre vie intérieure qu'il faut d'abord révolutionner, en l'approfondissant chaque jour davantage.

Et c'est à la jeunesse qu'il s'adresse. Droit dans les yeux, convaincu, sentencieux. Déjà. C'était en 1953 à Yaoundé. En retrait des incantations révolutionnaires jusqu'au-boutistes qui déferlent sur le tiers monde, le futur chef de l'État sénégalais tranche par sa manière de « penser le monde ». Rendons-lui cette justice d'avoir eu l'audace de contredire les bien-pensants, à une époque où les terrains idéologiques étaient minés. Ces quelques années qui le séparent encore du pouvoir suprême sont autant de tribunes où supplier ses frères de ne pas succomber à la facilité. Mais son côté prédicateur scientifique nourri de morale chrétienne, souvent, irrite. Le sait-il vraiment ? Ses pairs, hommes d'État, friands de ses leçons, sont toujours séduits, peu conquis. Son humanité n'arrive pas à transpercer cette carapace de savant qu'il entretient. Il pense que sa poésie suffit à faire éclater au grand jour la profondeur du sage et de l'humaniste, que son cursus est un vaccin contre la déchéance. Senghor a tort. Son peuple comme ses affidés l'observent, selon les circonstances, comme un poète, un politique, un professeur ou un devin. Rarement comme l'incarnation d'une pensée complexe. Il est convaincu du contraire. C'est tellement vrai que ses disciples se sont, au fur et à mesure des années, dispersés en autant de tribus que de facettes de sa personnalité. Cette *symbiose* dont il se revendique n'est au fond que le miroir inversé des segments de son intelligence. Dans son for intérieur, cet homme trouve le moyen de se diviser, pour mieux régner sur lui-même.

De cette « civilisation de l'universel », dont Senghor espère qu'elle vaincra les haines de « ces hommes qui ne savent pas d'où ils viennent », il entend faire une apothéose posthume, le fruit du labeur incessant des esprits éclairés que rien n'effraie. Alors, il trime. Au fil des années, quand le pouvoir et les honneurs le conquièrent, son être prend des formes surprenantes. Plus il développe sa « méta-pensée », moins ses auditoires s'y retrouvent. Les uns parce que, députés ou ministres, ils découvrent qu'il se répète, les autres parce que, professeurs ou écrivains, ils trouvent que son génie poétique s'accommode trop facilement des privilèges de son statut. Quant à son peuple, il piaffe d'impatience devant l'extraordinaire chantier qu'il a entrepris. Sa liberté est incomprise. Comme si elle cachait une somnolence, une impuissance peut-être. Dans ce monument vivant qu'est Senghor, la raison et l'intuition ne coagulent pas. Elles ne libèrent que laborieusement ces incandescences fusionnelles qui permettraient de le grandir encore. Il bute sur un réel désopilant, sarcastique, irritant, pour achopper au final sur le seul territoire de prédilection qui vaille : la conscience collective.

Senghor est la première victime politique d'un monde exalté qui fait fi de l'esprit. Il est le souffre-douleur d'une planète économique qui, plutôt que de penser, préfère consommer, et d'une société dont il a pourtant dit et répété qu'elle était viable si chacun prenait d'abord la mesure de son « enracinement ». Son œuvre, immense et protéiforme, ressemble à ces sacs de mil qu'on entrepose dans les greniers du Sahel. Ils sont une nourriture de consistance. Elle permet de voir venir. Là est son héritage.

Au fond, il est persuadé, malgré ses vertus, que l'écrit est insuffisant. Celui qui passe le plus clair de son temps à transcrire, corriger, éditer est un insatisfait. « L'encre du scribe est sans mémoire », dit-il. Il faut de la voix. De la chair. Un corps qui fonctionne. Des sentiments qui effleurent. Constater d'abord que l'homme suinte par tous les pores. Démontrer ensuite, avec des mots, que sa vie est mouvement.

Voilà que j'entendis, derrière mon oreille gauche, le battement lent du tam-tam.
La voix me dit, et son souffle rasait ma joue :
« Écris et prends ta plume, fils du Lion. » Et je vis une vision[52].

Cette rhétorique du comportement n'abuse d'aucun effet. C'est pour cette seule raison qu'elle est respectée. Mais incomprise. Ironie de l'Histoire, seuls les rappeurs sénégalais des années 1990 l'ont entendu, mais trop tard. Quand certains d'entre eux se mettent à chanter et à danser son poème « Congo[53] » en survêtement sur les trottoirs de Dakar, l'adolescent de Ngasobil est déjà reclus dans sa Normandie. Dommage. Il aurait certainement laissé percer son enthousiasme, tant ces mots-là résonnent d'un imaginaire qu'il pressentait.

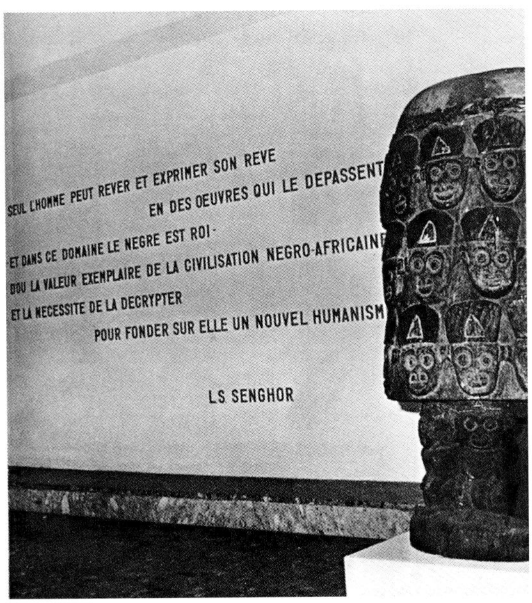

63. Le message du président Senghor, en ouverture du Festival mondial des Arts nègres de Dakar, 1966.

L'ALLOCUTION RADIODIFFUSEE DU Président SENGHOR

SUR le FONCTIONNEMENT des SERVICES de SANTE

Je vous entretiendrai, ce soir, d'un problème dont la gravité ne vous aura pas échappé. Il s'agit du fonctionnement des Services de la Santé.

Les Services de Santé sont faits pour servir les malades

L'opinion publique s'en plaint, à juste raison. Il n'est de jour que l'on ne signale, dans les services que voilà, des actes d'indiscipline, des vols de médicaments, voire d'équipements sanitaires, des garpillages de carburants ... sans parler des malades que l'on rançonne. Les populations de la brousse se plaignent, en outre, qu'on leur envoie du personnel de qualification inférieure. En effet, trop souvent, l'Indépendance, au lieu de renforcer le sens des responsabilités, le dévouement au bien public, a aiguisé, chez trop de fonctionnaires de la Santé publique, le goût du confort, pis : la faim de l'argent et de la DARADIA. Trop d'étudiants, promus « Docteur en médecine », réclament de faire une « spécialité » pour se soustraire au service de leurs frères de la brousse. C'est ainsi que des villes qui avaient, autrefois, un « médecin » doivent, aujourd'hui se contenter d'un « infirmier ». Plus grave encore, de jeunes sages-femmes, infirmiers et infirmières, pour rester à Dakar ou à St-Louis, font appel au « piston politique ».

Devant la gravité de cette situation, j'ai convoqué, il y a quelques semaines, un Conseil interministériel consacré à la Santé publique. Car le problème est de savoir si les Services de Santé sont faits pour servir les fonctionnaires et agents de ces Services ou pour servir les malades et, par-delà eux, la Nation.

Nouveaux crédits pour les médicaments

Je suis loin d'ignorer le bien-fondé des revendications des médecins et du ministère de la Santé publique et des Affaires sociales. Il est vrai que les dotations en médicaments et en carburants ont été insuffisantes au budget 1963-1964. Insuffisantes au regard des besoins des services. Je répondrai que de pareilles restrictions ont touché tous les ministères, qu'au lendemain du 17 Décembre 1962, notre situation financière imposait, impose encore une politique de rigueur et d'austérité. Cette situation s'étant cependant améliorée, j'ai décidé, à l'occasion du collectif de Janvier, de faire inscrire de nouveaux crédits pour achats de médicaments et de carburants. Mais, en contre-partie, j'ai décidé une série de mesures de redressement, qui doivent assainir la gestion et le fonctionnement des Services de la Santé.

Avant d'aller plus loin, je tiens à préciser que le pourcentage des crédits de fonctionnement affectés à la Santé représente non pas 4,5 %, mais bien plus de 8 % du Budget de fonctionnement de l'Etat. Le Sénégal consacre plus de 8 milliards de francs CFA à l'Education et à la Santé. Cela pour le seul Budget de fonctionnement. Ce qui représente un chiffre supérieur à la plupart des budgets de fonctionnement des Etats francophones au sud du Sahara.

Les mesures de redressements décidées par le Gouvernement

Quelles sont donc les mesures de redressement décidées ?

En ce qui concerne les régions autres que celles du Cap-Vert, tout fonctionnaire de la Santé affecté en brousse qui aura refusé de rejoindre son poste sera révoqué. Toute intervention, quelle qu'elle soit, sera rejetée. D'autre part, ne seront admis à préparer une « spécialité » que les docteurs en médecine les plus méritants.

Mais c'est dans les hôpitaux, singulièrement dans ceux de Dakar, précisément à l'hôpital Le Dantec et à l'hôpital de Fann que se révèlent, le plus fréquemment, les déviations, voire les délits signalés plus haut. Car il s'agit, souvent, de délits qui ressortissent aux tribunaux.

LA SITUATION DE LE DANTEC

Pour vous faire comprendre les raisons des mesures de redressement que j'ai décidées, je ne saurais mieux faire que d'analyser, avec vous la situation de l'hôpital Le Dantec, telle qu'elle se présente aujourd'hui, encore que cette situation soit héritée du régime colonial et que, grâce à l'action du nouveau Directeur, elle s'améliore.

Les anomalies peuvent se classer sous deux rubriques : le personnel et les crédits. Mais les deux grandes causes de la situation actuelle sont : 1° La crise d'autorité; 2° le manque de conscience professionnelle.

Problèmes de Personnel

Insuffisance numérique de personnel qualifié

Le Sénégal manque encore de cadres techniques compétents. Cela se retrouve au niveau des effectifs sanitaires. Cependant, il dispose de médecins, de pharmaciens, de chirurgiens-dentistes, donc de cadres supérieurs qualifiés et dévoués, dont les meilleurs se trouvent dans les hôpitaux ... notamment à Dakar ... et ne me paraissent, dans l'ensemble, mériter que des éloges, qu'il s'agisse de nationaux ou de praticiens de l'Assistance technique.

Le personnel paramédical, précieux pour la bonne marche de l'hôpital, peut se classer en deux catégories selon son mode de recrutement.

Recrutés après concours, les sages-femmes et les infirmiers diplômés d'Etat, comme les agents sanitaires instruits à St-Louis, ont une bonne formation et le rendement que leur assignent leurs supérieurs hiérarchiques. Cependant ils sont, eux aussi, en nombre insuffisant.

Certaines catégories de personnel ... prothésistes dentaires, manipulateurs de radiologie, techniciens de laboratoire, anesthésistes, etc... qui ne sont pas des infirmiers, existent en nombre trop réduit parmi les Sénégalais. Ils provenaient surtout de l'Assistance technique. Leur recrutement a pratiquement cessé; d'où des difficultés majeures pour faire fonctionner certains services. C'est dire qu'il se pose, ici, un problème à résoudre.

Enfin les cadres administratifs supérieurs ont été improvisés. Leur bonne volonté remplace difficilement l'expérience et la formation.

Ainsi, le pesonnel qualifié manque. Non pas tant le personnel médical que le personnel paramédical, qui constitue les cadres moyens de la Santé. Pour pallier cette déficience numérique, on a recruté, hélas ! une pléthore de petit personnel non formé.

Pléthore de « petit personnel »

Jamais le nombre n'a remplacé la qualité. Un service demande un infirmier; on lui affecte 2, 3, 4 agents sans formation !...

Ce petit personnel sans formation, ni technique, ni morale, acquiert une teinte de savoir-faire, mais, encore plus vite, la notion de ses « droits » ou, plus exactement, de l'immunité que lui conférerait aussi bien l'adhésion au syndicat que l'inscription au Parti.

Un « coulage » important

Ce personnel est-il bénévole ? Certainement non. Si la prise de service est toujours immédiate, certains sont rémunérés, c'est-à-dire que leur situation est régularisée, très rapidement. D'autres travaillent 12, 18 et même 24 mois sans salaire.

Ils se livrent, alors, à des déprédations qui doivent leur laisser bonne conscience. D'où le « coulage » important de diverses denrées alimentaires, de médicaments, seringues, etc... Par exemple, l'huile de paraffine ou de ricin devient introuvable. Sitôt arrivée à la Pharmacie, elle se volatise pour servir aux coiffures féminines.

D'où, aussi un laisser-aller grandissant et de fréquentes manifestations d'indiscipline ... refus d'obéissance, absences non motivées ... de ce personnel, dont on ne peut dire s'il est en service ou non. Il en est de très valables, qui travaillent par nécessité, mais il en est un plus grand nombre auquel les appuis politiques ou syndicaux assurent une parfaite insouciance.

Telle est la situation, sans caricature, de ce petit personnel plutôt incompétent, de faible rendement, peu discipliné, souvent non payé et dont le nombre va croissant.

Hôpital Principal et Le Dantec

Les chiffres suivants permettent de comparer les proportions du personnel dans les hôpitaux de Dakar. L'un, l'Hôpital Printipal, est resté sous gestion française; l'autre, l'Hôpital Le Dantec, relève du département de la Santé publique :

	Hôpital Principal (132 soignants pour 641 lits)	Hôpital Le Dantec (316 soignants pour 1.000 lits)
Sages-femmes ..	16 p. 100	15 p. 100
Infirmiers	64 p. 100	26 p. 100
Aides-soignants.	20 p. 100	59 p. 100

Ainsi, à l'Hôpital Principal, il y a 1 aide pour 4 « diplômés » et, à l'hôpital Le Dantec, 6 aides pour 4 « diplômés ». Comment s'étonner de rendements si différents !

La façon de servir

La crise d'autorité est à l'origine de tout le mal.

Il y a bien un Directeur, fort honnête, de même qu'un Econome, actif, qui veulent « mettre de l'ordre ». Mais peuvent-ils diriger vraiment ? On peut répondre, actuellement par la négative.

Osons le dire, le Parti, le Syndicat et le Comité d'entreprise rivalisent d'influence avec eux. Par ailleurs, que d'ordre sont donnés directement, par-dessus leur tête, par différents ministres.

Les chefs de services, médecins, pharmaciens et dentistes ont renoncé à demander des sanctions pour retards, fautes ou actes d'indiscipline. Que de demandes formulées contre le (ou la) « protégé » de Monsieur X, sont restées lettre morte, diminuant d'autant l'autorité de ces «chefs de service». L'obéissance d'un employé devient une sorte de bon vouloir, de service personnel qu'il veut bien rendre à son supérieur, celui-ci devenant presque son obligé.

L'absence de conscience professionnelle

Cette crise d'autorité a pour corollaire un manque de discipline et une absence de conscience professionnelle.

Les bons éléments ... car il en existe aussi ... sont parfois critiqués pour leur zèle. Le relâchement débouche sur la malhonnêteté. Déjà, les manœuvres qui habitent Rufisque ou Pikine ne rentrent pas déjeuner chez eux, et ils se restaurent sur place avec les meilleures rations destinées aux malades. Des rumeurs font état de coulage direct dans les denrées achetées au marché ou dans le commerce. Et pourtant les inspections financières périodiques seraient des plus rassurantes !

Si l'adhésion tant au Syndicat qu'au Parti ne met pas à l'abri de poursuites en cas d'important détournement, elle semble pourtant assurer une bonne conscience dans les menus larcins et dans les actes d'indiscipline.

On aimerait voir le Comité d'entreprise U.P.S. et le Syndicat des Travailleurs de la Santé pointer eux-mêmes les heures d'arrivée et de départ du personnel et vérifier l'ardeur au travail de leurs adhérents. Il est temps que le Parti et le Syndicat se décolonisent, en aidant à la formation de la conscience professionnelle et au respect des lois et règlements.

La phrase habituellement entendue lorsqu'un infirmier-major fait une observation à un de ses employés est la suivante : « Ce n'est pas toi qui m'as fait venir ici; tu ne peux pas m'en faire partir et tu ne peux rien contre moi. »

En résumé, crise d'autorité et indiscipline aboutissent à l'anarchie. D'où de faibles rendements et un coût élevé du fonctionnement hospitalier.

LES CRÉDITS

Encore une fois, à l'expérience, les crédits de l'hôpital Le Dantec, comme ceux des autres établissements sanitaires, se sont révélés insuffisants. Le Gouvernement, je l'ai dit, a inscrit, au Collectif de janvier, de nouveaux crédits. Mais ces nouveaux crédits ne serviraient à rien si des réformes profondes n'intervenaient pour rétablir l'autorité, renvoyer le personnel inutile, réprimer les vols.

L'autorité hiérarchique sera restaurée

Voici, en conclusion, les mesures que j'ai décidé de faire appliquer immédiatement.

1° L'autorité hiérarchique sera restaurée.

Toutes les recommandations et pressions, d'où qu'elles viennent, seront rejetées. En conséquence, seul le Directeur dirigera, effectivement, son établissement, assisté du Comité médical consultatif. Naturellement, le Ministre de la Santé continuera d'exercer son rôle de tutelle et de contrôle.

Tous les actes d'indiscipline, tous les larcins, tous les vols seront sanctionnés. Tout professeur, tout médecin, tout pharmacien, qui n'aura pas obtenu la sanction demandée, s'adressera directement au Président de la République.

Recrutements de cadres moyens

2° Le Ministre de la Santé et des Affaires sociales recrutera les cadres moyens qui manquent. En attendant que nous les formions sur place, il les demandera à l'Assistance technique.

Il sera également demandé, à cette Assistance, un « administrateur hospitalier », qui aiderait l'actuel Directeur à remettre « l'appareil sur les rails ».

Quant au petit personnel non qualifié ... aides-soignants et autres bénévoles ... la Direction retiendra, par recrutement régulier, ceux dont il a besoin, et elle les paiera. Les autres seront renvoyés.

Les mesures que voilà, qui concernent, d'abord l'hôpital Le Dantec et l'hôpital de Fann, seront adaptées aux autres formations hospitalières par le Ministre de la Santé et des Affaires sociales.

APPEL A LA CONSCIENCE CIVIQUE

Avant de terminer, je fais appel à la conscience civique du Syndicat des Travailleurs de la Santé et du Comité d'entreprise U.P.S. Par-delà les intérêts électoraux du Parti et du Syndicat, il y a les intérêts vitaux de la Nation. Le Budget de la Santé est destiné, essentiellement, à la lutte contre la maladie : d'abord au soin des malades, ensuite à la rémunération des travailleurs de la Santé qui, effectivement, travaillent ... du Médecin chef de service au manœuvre. Il n'est pas destiné aux paresseux et aux voleurs. Soutenir le contraire, c'est mener une action anti-syndicale et anti-parti.

Encore une fois, il est temps de nous décoloniser en pratiquant une politique de rigueur et d'austérité. Le travail et l'honnêteté, ce sont les vertus cardinales du Socialisme.

Sénégalaises, Sénégalais, bonne nuit !

SAINT-LOUIS. — Imprimerie de la République

LES ANNÉES PASSANT, LE PRÉSIDENT POÈTE CHERCHE À STYLISER L'EXERCICE DU POUVOIR. On dira « primature » pour parler des services du Premier ministre, « gouvernance » pour identifier le siège du gouverneur de région. L'état civil n'y coupe pas. Au nom de la modernité, il supprime l'apostrophe intérieure des noms sénégalais comme M'Baye ou N'Diaye. Le contentement affiché des intéressés n'arrive pas, toutefois, à masquer les ressentiments. Le nerf identitaire est directement touché par un détartrage qui fleure trop l'exigence de fraîcheur quand, sur d'autres rives, l'auteur du changement en appelle à l'« enracinement » de son peuple. Il arrive fréquemment au président de tenir ses conseils des ministres devant un tableau noir où il orthographie les mots clés de ses décisions. Les journalistes du *Soleil* frémissent à l'idée de se faire réprimander pour faute de français. Dans les écoles, la discipline et la politesse vont de pair avec l'exigence lexicale. Gare aux contrevenants !

Mes paroles de silex, dures et tranchantes
Te frapperont ;
Ma danse et mon rire, dynamite délirante,
Éclateront
Comme des bombes[54].

Une course de fond s'organise entre les intellectuels dakarois qui souhaitent l'établissement alphabétique des langues nationales dites « agglutinantes », comme le wolof, le peul, le sérère et le diola, et le grammairien francophone qui installe au forceps la pratique d'un français langue nationale du meilleur cru. Il faut imaginer un instant

64. Affichette publiée à l'issue d'une allocution radiophonique de Senghor, 17 janvier 1964.

ce que pareille décision politique veut dire. Voilà un pays qui, à peine plus d'un siècle auparavant, a vu ses grands-parents plier sous le joug des Occidentaux et qui, maintenant, se relève de l'humiliation en utilisant pour s'en sortir l'excellence de leur culture. Il en faut, de la conviction, de l'explication, de la détermination pour imposer un tel modèle quand on sait ce qui gît au fond des âmes, quand on imagine l'appétence politique des jeunes loups de la République qui rêvent d'en découdre avec les coloniaux. Ah ! avoir confié à l'un des principaux constituants de la Quatrième République française le destin d'une nation noire indépendante, quel cran !

Senghor est méthodique. Il fusionne le rêve et la réalité dans un paradigme politique tout à lui. Il est « cœur, bouche et trompette » de ses compatriotes, comme s'il s'accordait le blanc-seing du divin. Dans son entêtement à vouloir construire un pays exemplaire, il cultive ces petites pratiques participatives locales comme autant de graines de démocratie à venir. Inutile de les importer, elles existent. Le Dissoo par exemple. Le mot veut dire « dialogue », « discussion » en wolof. C'est aussi le titre d'une émission de radio en langue nationale qui, dans les années soixante-dix, servait de haut-parleur au monde rural. Trois émissions par semaine, à la fin de la journée, après les prières : deux pour faire parler les paysans, une pour répondre à leurs demandes ou à leurs protestations. Un jour on traite de l'arachide, un autre de l'outillage, puis du péril « fécal » qui favorise les endémies. Les lettres d'auditeurs envoyées

65. Le battage du mil dans la campagne sénégalaise, vers 1970.

aux responsables du programme Dissoo sont classées, puis soumises s'il y a lieu aux responsables, qui fournissent des éléments de réponse. Curieux mélange de bénédictions et de doléances. Rituel de paysan qui sait qu'il doit se concilier les maîtres, qui commandent, et les dieux, qui font pleuvoir. On s'en prend aux préfets qui, en retardant la date de la récolte du mil, permettent aux oiseaux de manger sur pied. Le président encourage. Le Sérère se souvient qu'il a pris racine dans des terroirs qui nourrissent. « Terre heureuse ! Où l'âpreté libre du travail devient lumineuse douceur[55]. » Faut-il chercher dans cet exemple sa conception iconoclaste du *socialisme* ? Un socialisme dont il ne revendique que l'esprit, les desseins. Jamais la contrainte, ni la doxa. Par quel artifice de pensée a-t-il pu s'affranchir du dogme marxiste dominant, refuser ouvertement les vertus du capitalisme ambiant tout en ne faisant aucune allégeance au socialisme « mollétiste » dont il est politiquement issu ? Autre mystère. L'âme du poète s'en prend secrètement aux révolutionnaires compassés et tente de faire s'épanouir les vertus d'un humanisme à l'africaine que le président porte en lui. Dans ces magmas idéologiques contraignants qui figent le monde, il brûle de flirter avec l'intelligence des hommes pour qu'elles l'éclairent de leurs lumières. Sans en référer.

Il vit sa négritude comme une spiritualité, un repoussoir censé tempérer les ardeurs de l'Occident. Mais ses frères américains sont déjà des « assimilés ». Il le voit. Il le sent. Il ne peut que braver l'Esprit. « Je veux de grands arbres touffus qui plient sous le poids des perroquets bavards, dit l'écrivain noir Langston Hugues. Et non ce pays où les oiseaux sont gris. » L'appel est vain. Césaire à la Martinique, Depestre en Haïti crient leur souffrance pendant que le civilisateur de l'universel s'applique à la traduire en poésie. Le sociologue Stanislas

Spero Adotevi, dans un pamphlet intitulé *Négritude et négrologues*, vient chez lui contester les fondements mêmes de la théorie de la négritude. L'anglophone nigérian Wole Soyinka se moque de son combat :

Le tigre ne crie pas sa tigritude, il saute sur sa proie et la dévore.

À quoi le francophone sénégalais répondra :

De même qu'un zèbre ne peut se défaire de ses zébrures sans cesser d'être zèbre, le Nègre ne peut se défaire de sa négritude sans cesser d'être nègre.

De son ministère des Affaires culturelles, qui lui sert de haut-parleur universel, Malraux a beau clamer que « le XXe siècle rendra aux Nègres américains l'orgueil de l'Afrique », les années d'après-guerre ont surtout permis aux « Blacks » de contribuer à façonner une nation puissance aux antipodes de ses espérances. Quand le même Malraux vient le titiller sur ses terres et le pousser à la contradiction, Senghor le renvoie dans ses cordes :

Quel continent, si ce n'est l'Afrique, oserait reprendre à son compte la phrase d'Anaxagore : « Tout ce qui se montre est une vision de l'invisible » ? Lequel oserait dire qu'il retrouve son génie chaque fois qu'il chante la Terre-Mère[56] *?*

Et l'auteur du *Musée imaginaire* de lui rappeler qu'il n'est pas le seul à se réclamer de l'unité de la nature et du surnaturel. Nehru, aussi, a réussi la symbiose indo-musulmane. Puis d'ajouter, tranquillement,

66. Avec André Malraux lors de l'inauguration de l'exposition d'art traditionnel, au Musée dynamique de Dakar, durant le Festival mondial des arts nègres, avril 1966 ; à gauche, le professeur William Fagg, conservateur du British Museum, lauréat du Festival.

porté par le souffle salvateur du poète qui célèbre les rythmes et les masques comme autant d'indices pour saisir le génie fusionnel de sa terre et de ses ancêtres :

C'est vrai, je me souviens de l'abbé Fulbert Youlou, Président du Congo français, quand j'étais allé proclamer avec lui l'indépendance de son pays. Une tribune entourée d'arbres géants où les auditeurs pendaient; la puissante cathédrale africaine et ses enfants de chœur noirs au cou entouré d'une fraise, assis sur des tabourets en forme d'éléphants. La nuit, la prise de possession officielle du Palais achevée, commença une danse des membres du gouvernement, l'abbé en soutane blanche, sur le dos du ministre de l'Intérieur à quatre pattes. « L'indépendance, cha, cha, cha! Elle est gagnée, cha, cha, cha! », danse qu'enregistrait le consul des États-Unis, un micro entre son veston et son gilet[57].

Et le tour est joué.

SA TERRE. ELLE EST L'HUMUS DE SA VIE. « C'EST LE CRI SAUVAGE DU SOLEIL LEVANT QUI FAIT TRESSAILLIR LA TERRE[58] ! » Encore et toujours son « royaume d'enfance ». Le chef de l'État la célèbre dans ses grandes orientations politiques. Puisque les ancêtres Laman, ces maîtres de la terre sérères, puissants et respectés, en avaient décidé ainsi, elle sera une richesse agraire destinée à être partagée collectivement. L'État en sera propriétaire. Ainsi la nation sénégalaise s'épanouira-t-elle sur le terreau de la tradition ancestrale. Tant pis si cette décision dépossède les paysans et les réduit à n'être que des ouvriers agricoles. Quand il accompagne ses invités dans les contrées arides de son pays, c'est le poète qui jaillit si par malheur l'un de ceux-ci se met à ricaner devant la monstruosité d'un baobab :

C'est sa force plus que sa lourdeur qui me frappe. Inutile ? Moins que vous ne croyez : avec son écorce on fait des cordages ; pilées, ses feuilles sont incorporées

67. Femmes au travail, Sénégal, années 1970.

au couscous ; quant au fruit, le pain de singe, il entre dans la composition de sauces aux vertus antipaludéennes. Nous en avons fait l'emblème de notre pays.

Est-ce son érudition latine et grecque qui lui facilite l'expression ? Toujours est-il que le président poète ne peut s'empêcher d'expliquer à tout un chacun l'étendue des richesses de son sol. Ricin, jujubier, palétuvier, badamier aux feuilles larges et vernissées, sorgho. Et ce kaïcédrat au nom royal dont il a semé ses poèmes. Le poète se plaît à honorer l'acacia, qui entretient l'humidité et développe la savane, la surprenante souplesse des paysans harassés ou la lumière grise qui distille sa chaleur moite vers cinq heures de l'après-midi. « Pétulant comme un écolier en maraude », disait de lui l'invité.

Quand l'arachide est en crise, quand la sécheresse vainc les plus téméraires de ses paysans, le chef de l'État célèbre la terre mais aussi le travail, juste pour dire à ses compatriotes que les dieux ne sont pas seuls responsables. La nature se respecte et se domestique. Certes, les hommes sont nés pour communier avec elle, mais il faut travailler. À charge pour Senghor de trouver les prières qui vont avec. Il n'imagine pas un instant, quand les signes de relâchement sont perceptibles, que son peuple cède à la facilité. Ainsi, quand les questions de santé reviennent au-devant de l'actualité pour d'obscures raisons de crises hospitalières, le voici, à la nuit tombante, en train d'organiser à la radio un happening présidentiel afin de remettre les pendules à l'heure. Quand il pressent un intérêt, une mode ou une influence « euraméricaine » néfaste au pays, le père de la nation rappelle ses ouailles au bon sens et aux vertus de la morale chrétienne. Un jour, sur le tard, il découvre que les acteurs peuvent faire l'amour au cinéma.

Il est outré. Il recommande illico la plus grande vigilance. La censure si besoin est. « Ce sont des choses qu'on fait mais qu'on ne montre pas », dit-il, convaincu. Sa pudeur légendaire le porte à nier l'intérêt de la psychanalyse. Et de pester contre les hôpitaux psychiatriques qui, en Europe, séparent les malades de leur famille en leur imposant des contraintes physiques et morales « au besoin par la camisole de force ». Lui, croit aux vertus « symbiotiques » négro-africaines. Celles qui permettent de soigner les malades *dans* les familles avec des thérapies naturelles. Pour mieux agir, il convoque un professeur de

68. Le président Senghor au micro de la radio sénégalaise, 1963.

médecine… français, qui « s'est fait nègre avec les Nègres », pour le convaincre de s'installer à Dakar. Toujours ce besoin de dépasser la contradiction et d'atteindre la symbiose. Quand ses certitudes sont d'aplomb, sa propension à déchirer les frontières est sans limite.

L'enfant du royaume du Sine savoure le regard de ceux qui cherchent à rêver. Il ruse pour les atteindre. Le poète se mue alors en professeur, le chef d'État en séducteur. Rien ne semble tant lui importer que de *toucher* l'autre. Peu importe la manière et la forme. Il s'emploie, dans le même temps, à jouer dans cette cour de la raison discursive pour pouvoir ensuite distiller à son gré ce que la force de l'intuition peut libérer avec des mots.

Entre la fraîcheur extrême du Printemps et la torpeur promise de l'Été, laisse-nous savourer la douceur éphémère de vivre
Entre la fleur qui s'effeuille qui décline et les blés en bruissements ardents, respirer le regret de vivre aigre-doucement[59]

Cette terre est son sang, dit-il. Que n'a-t-il répété à qui voulait l'entendre que sa dépouille la retrouverait à Joal ? Pour être avec les siens. Il sera finalement enterré à Dakar.

A-t-il été le père qu'il souhaitait être ? Le mari qu'il s'imaginait ? Nul ne saura jamais. La pudeur a, chez Senghor, des effets analgésiques structurants qui transforment les sentiments en devoir. Deux mariages. Le premier, consacré en 1946, l'unit à Ginette, la fille de l'ancien gouverneur de l'Afrique équatoriale française Félix Eboué. Il fut, à la demande des conjoints, et après séparation, cassé par le Vatican. Ils auront eu deux enfants, Francis et Guy. Ce dernier se suicidera au moment où il envisageait de retourner à Dakar enseigner

la philosophie. En secondes noces, célébrées en 1957, il prend pour épouse Colette Hubert, originaire de Normandie, avec qui il vivra jusqu'à sa mort. Leur unique enfant, Philippe-Maguilen, né en 1958, se tuera dans un accident de la route. Il rendit à ce fils une élégie pathétique, d'une douloureuse beauté :

Et j'ai dit « Non! » au médecin : « Mon fils n'est pas mort, ce n'est pas possible. »
Pardonne-moi, Seigneur, et balaie mon blasphème, mais ce n'est pas possible[60].

Manière irréelle d'expier les indéfinissables regrets du poète, mais pas ceux du père.

Toute sa vie il aura tenté de vaincre la médiocrité par la seule force de l'esprit. Cherchant ici à domestiquer son désordre intérieur par la pensée, là en la mettant en ordre à coups de boutoir. Les pieds sur terre.

69. Mme Georges Bidault félicite Senghor et son épouse Ginette Éboué, lors de leur mariage en 1946.

70. ***(Double page suivante)*** **Les Senghor dans le parc de leur propriété de Verson : Léopold, Philippe et Colette, vers 1960.**

EST-CE DE L'AUDACE LEXICALE OU DU GÉNIE LINGUISTIQUE ? TOUJOURS EST-IL QUE LE GRAMMAIRIEN DE L'UNIVERSEL AURA, SA VIE DURANT, TENTÉ D'IMPOSER SES MOTS. Il écrira « médias » avec un *t* entre le *a* et le *s*. Non, ce n'est pas une faute. Dans un discours prononcé le 23 juillet 1973 à l'occasion du concours général des collèges et lycées, il parle de « mauvaisetés » en évoquant les malveillances d'un oiseau de mauvais augure. D'« Euramérique » quand il s'en prend à l'Occident. Il mène une guerre insensée contre le pauvre Ousmane Sembene, à qui il a ordonné d'orthographier son film *Ceddo* avec un seul *d*, sous prétexte que le mot est d'origine sérère. Sauf que Sembene parle wolof et qu'il l'écrit dans sa langue. Un jour, dans une enceinte onusienne, il entend prononcer le terme économique « détérioration des termes de l'échange » pour évoquer la nature des injustices qui rongent le commerce entre le Nord et le

71. Discours de réception de Léopold Sédar Senghor à l'Académie française, mars 1984.

Sud. Le chef de l'État sénégalais tombe littéralement sous le charme de cette trouvaille. Aussitôt il se l'approprie, l'utilise à tout bout de champ dans ses discours et ses interviews. Tant pis si son peuple n'y comprend rien. Quelques journalistes facétieux ou mal intentionnés

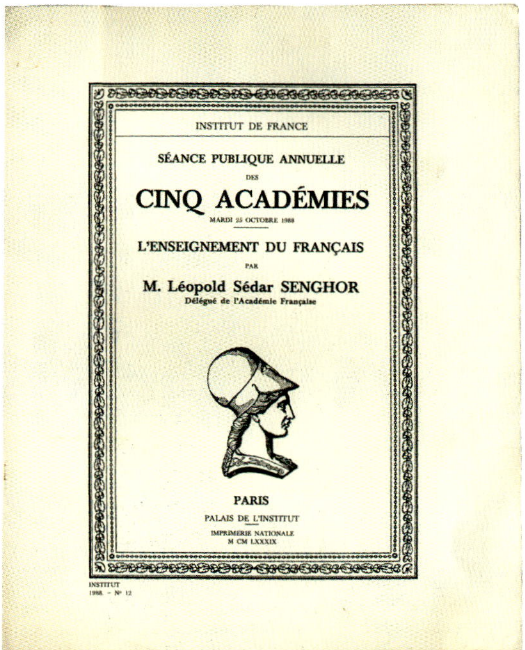
INSTITUT DE FRANCE

SÉANCE PUBLIQUE ANNUELLE

DES

CINQ ACADÉMIES

MARDI 25 OCTOBRE 1988

L'ENSEIGNEMENT DU FRANÇAIS

PAR

M. Léopold Sédar SENGHOR

Délégué de l'Académie Française

PARIS

PALAIS DE L'INSTITUT

IMPRIMERIE NATIONALE

M CM LXXXIX

INSTITUT
1988. – N° 12

72. Conférence de Senghor à l'Institut de France sur l'enseignement du français, 25 novembre 1988.

l'ont traduit par « détérioration des termes de la chance »… Mais, de peur de se faire rabrouer, personne n'ose contredire l'érudit. C'est le même homme qui, toujours dans son costume de chef d'État, tempête contre *son* système scolaire en découvrant dans les années soixante-dix que les enseignants ont une tendance à sacrifier l'étude raisonnée de la grammaire au profit de la méthode audiovisuelle. Beaucoup le pensent déjà, mais lui le dit. Il ne décolère pas de voir arriver sur son bureau des rapports administratifs prétentieux :

Le plus grave n'est pas dans les fautes de syntaxe, surtout si elles n'obscurcissent pas le sens de la phrase; il est dans cette fausse élégance où l'on abuse de clichés à la mode, souvent formés, au demeurant, de manière irrationnelle[61].

Beaucoup le pensent aussi, mais lui le dit publiquement.

C'est la France qui est visée :

Que l'Europe, après deux mille ans de corset rationaliste, s'ouvre au spontanéisme, rien de plus naturel. Mais nous qui vivons sur la terre de l'intuition, de l'émotion, si nous voulons « é-duquer » nos enfants, au sens étymologique du mot, il nous faut chercher une autre voie. Il nous faut après les moiteurs et torpeurs de l'hivernage, les ouvrir à la fraîcheur des alizés : à la règle et au compas, à l'esprit d'organisation et de méthode[62].

Le démiurge du langage châtié a parlé. Fermez le banc.

Mais le visionnaire est en embuscade. Un quart de siècle avant les autres, l'homme d'État crie ce qui nous attend si nous continuons à nous rendre complice d'un tel « laxisme » :

Encore une fois, dans ce monde livré aux appétits collectifs, et qui vacille sur la faiblesse de ses jambes, ce dont ont besoin les générations futures, c'est de savoir penser réellement, en intégrant la logique dans la dialectique de la vie; c'est aussi de savoir s'exprimer clairement, en mettant tout fait et toute idée à sa place : en équilibre. Alors elles pourront vouloir refaire le monde. Pour l'Homme.

Dans les années trente, contre l'avis de ses frères de sang, il adopta le mot de « négrité » en lieu et place de « négritude ». Mais son concept de négrité est incompris. « Rendons à Césaire ce qui appartient à Césaire », s'amusera-t-il à répéter pour célébrer le mot, respectant par là son inventeur. En 1984, au cours d'une réunion du Haut Conseil de la francophonie dont il est le vice-président, Senghor est interpellé, sur le ton de l'humour, par l'ancien président libanais Charles Hélou : faut-il parler de « mitterrandité » ou de « mitterranditude » ? Sans hésitation, il tranche en faveur de « mitterrandité ».

Là où en revanche il s'aigrira, c'est sur le mot « francophonie ». Il le déteste. « Nombre d'esprits distingués ont trouvé le mot laid. Si l'on veut. S'il s'est maintenu, c'est qu'il s'est imposé par sa nécessité[63] », dira, fataliste, celui qui lui a toujours préféré « francité ». Cela ne l'empêche pas de revenir régulièrement à la charge dès que l'occasion s'y prête. Le temps de rechercher à nouveau des arguments pour convaincre.

Je m'étonne que le mot [« *francité* »] *soit, aujourd'hui, moins employé que celui de « francophonie ». En effet, comme l'a dit Maurice Piron, dans une communication du 27 octobre 1970, intitulée* Francophonie et Francité, *le dernier mot daterait de 1943 tandis que le premier serait de 1962*[64].

Et de développer une thèse scientifique pour emporter l'adhésion :

[…] *le mot « francité » a été forgé avec le suffixe* -ité, *qui provient du latin* -itas. *Comme le note une étude de l'Université de Strasbourg, que m'a envoyée, en son temps, le professeur Robert Schilling, le suffixe, qui est très productif, « sert à former des substantifs exprimant une qualité désignée par l'adjectif de base*[65] ».

Au fond, il est agacé d'avoir à s'expliquer sur la question. Le conférencier parle avec la douloureuse impression que son auditoire est plus impressionné par le professeur que par le poète. Un après-midi d'hiver, devant une assemblée docte et laborieuse de phonéticiens, à qui il expliquait que « l'absence de laryngales, la richesse moyenne du vocalisme, la présence dans celui-ci de l'*e* muet et des nasales font du français une langue paradoxalement harmonieuse », il se met instantanément à reprendre sa posture de poète. Juste pour l'effet. « C'est surtout cela qui me frappait quand, à sept ans, j'ai commencé à l'apprendre… » Silence. « Je le mangeais, délicieusement, comme une confiture[66]. » Et les phonéticiens de s'égayer, doucettement.

Le génie de cet homme va se nicher dans une dialectique qui en dit long sur sa puissance à vaincre les conformismes. Puisque la négritude s'est épuisée dans des discours contradictoires, il la rehausse à sa manière en démontrant qu'en tant que culture elle n'est pas « parfaite ». D'ailleurs, dit-il, « c'est le fond du problème, toutes les cultures, et la francité n'y échappe pas, ont leurs défauts et leurs lacunes ». Chacune mettant l'accent sur telles valeurs, en négligeant les autres. Pour conclure par cette métaphore : « D'où, à la longue, une distorsion du visage humain sur chaque faciès de la civilisation humaine[67] »… Audacieux.

De même, devant un cercle de poètes venu en novembre 1972 à Dakar l'entendre commenter la sortie d'un recueil intitulé *Le Tam-tam du sage*, il se met à célébrer les proverbes. Après avoir développé leurs vertus, puis leurs définitions, le président poète en arrive à la conclusion :

Je viens de vous le dire, les proverbes sont l'expression de la sagesse. Ils sont de la philosophie en comprimés [sic] *: des vérités humaines parce que valeur universelle. Ce livre est une nouvelle preuve de l'unité de la civilisation négro-africaine, où tout se tient : depuis Dieu jusqu'au caillou, depuis le proverbe jusqu'au poème. Et je le dis avec Aimé Césaire : « Eïa, parfait cercle du monde ! »*

Sa capacité à chercher des lumières dans sa langue est sans limites. À bas les préjugés. Lors de la sixième Biennale du français universel qui s'est tenue à Echternach (grand-duché de Luxembourg) le dimanche 7 septembre 1975, il tente de persuader son auditoire de revenir en arrière :

Je préconise la reprise de l'expression « Plaît-il ? » qu'au temps de ma jeunesse le personnel employait en parlant à un supérieur, au lieu du vulgaire « Quoi ? », si ce n'est pas « Hein ? ».

S'il savait…

« Les plus grands sévices infligés à la langue française, ajoute-t-il à l'adresse de ses compatriotes, le sont par les francophones du tiers monde qui ne résistent que mollement à la propension de créer, à tort et à travers, des mots à mi-chemin du français et des langues nationales. Comme au Sénégal le mot *bana-bana* pour désigner le marchand ambulant ! » Peut-on aujourd'hui avancer que les jeunes francophones métissés du Nord pourraient tout aussi bien se sentir visés par de telles condamnations ? Mais le plus étonnant dans ces injonctions, c'est de voir Senghor, alors chef de l'État, s'en prendre aux enseignants :

Ceux-ci, gagnés par la maladie, abandonnent volontiers les exercices de grammaire pour des bavardages spontanéistes, souvent dans un argot d'autant plus pernicieux qu'il flatte la vanité d'une jeunesse encore fluctuante dans ses choix.

C'était il y a plus de trente ans. La liberté de ton du pédagogue n'a d'égale que l'audace, désormais rarissime, d'un homme d'État capable de dire publiquement ce qu'il pense sans être taxé sur-le-champ d'attitude réactionnaire ou irresponsable. En février 1986, devant un parterre éclairé de l'intelligentsia francophone, il prévient :

Si nous ne sommes pas vigilants, nos langues et nos civilisations seront absorbées par une civilisation unique, totalitaire sur le modèle nazi[68].

À bon entendeur.

Pour lui, le langage est un immense terrain d'aventure inespéré pour l'esprit. Peut-être, au demeurant, n'a-t-il fait de la politique que pour cela. Partager cette jouissance et user du pouvoir des mots. Mais c'est une autre histoire.

73. Le « Senghor » de la collection des Éditions Seghers, « Poètes d'aujourd'hui », par Armand Guibert, 1961.

ON N'OSE IMAGINER LE PLAISIR QU'A PU RESSENTIR LE POÈTE QUAND SON ŒUVRE FUT INSCRITE EN 1987 AU PROGRAMME DE L'AGRÉGATION, « COMME AUTEUR DU XXe SIÈCLE ». Cela ne s'est pas fait sans mal, paraît-il. Peu importe. Et même si Césaire a été inscrit avant lui, l'écrivain des Antilles n'a pas été président d'une République. Cet honneur, en pleine gloire, il le prend comme une revanche sur le destin. N'a-t-on pas murmuré ici ou là que sa poésie était « agréable à l'oreille », « légère », « exotique », voire « naïve » ? Bref, des commentaires suffisamment circonspects ont pu laisser entendre que son œuvre n'en était pas une. Le poète n'en a cure. Il se trouve suffisamment d'exégètes à avoir, très tôt, démontré le contraire pour lui enlever les doutes, réels, qui ont existé jusqu'à ce qu'Armand Guibert commente son œuvre en 1961[69]. La bonne surprise vint de ses pairs agrégés, qui, lors des jurys du concours, ont constaté que les postulants « passaient à côté de ses textes, qui manifestement ne leur parlaient pas[70] ». Sont-ils par trop « surréels » au regard de l'académisme universitaire qui sévit aujourd'hui dans la transmission du savoir poétique ? Ou trop ethnolinguistique quand l'auteur, malgré les lexiques, joue à ce point avec les mots, qui sont pris « pour ce qu'ils sont » ? Le Temps, l'Histoire en ont déjà décidé autrement, ce qui fait du poète du siècle dernier le témoin protéiforme de son propre succès. Tour à tour écrivain, homme d'État, professeur, l'infatigable défenseur de la

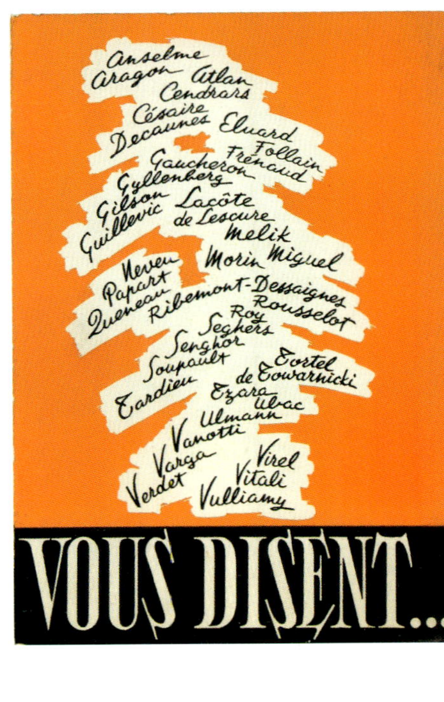

74. Césaire et Senghor réunis en couverture d'une anthologie de poètes francophones contemporains. Éditions des Marches latines, 25 février 1950.

Nd'éssé
ou
"Blues"

Le Printemps charriait des glaçons sur tous mes torrents débandés,
Ma jeune sève jaillissait aux premières caresses sur l'écorce ~~trop~~ tendre.
Voilà cependant qu'au cœur de Juillet je suis plus aveugle qu'Hiver au pôle.
Mes ailes battent et se blessent aux barreaux du ciel bas;
Nul rayon ne traverse cette voûte sourde de mon ennui.
Quel signe retrouver? Quel clef de coups frapper?
Et comment atteindre le dieu aux javelines lointaines?
Été royal du Sud là-bas, tu arriveras oui, trop tard en un Septembre agonisant
Dans quel livre trouver la ferveur de ta réverbération?
Et sur les pages de quel livre de quelles lèvres impossibles ton amour délirant?
Me lasse mon impatiente attente. Oh! le bruit de la pluie sur les feuilles monotones!

francophonie, « universelle » comme il ajoute souvent, ne perd jamais une occasion de féliciter les ministres de l'Éducation nationale des largesses qu'ils peuvent offrir à la langue française quand celle-ci « ajoute aux écrivains français les écrivains francophones » dans l'enseignement de la littérature. Jean-Pierre Chevènement le sait, lui qui, ministre de l'Éducation nationale, prit l'initiative en décembre 1985 d'inscrire Senghor, parmi d'autres, au programme du second degré.

Le poète président grammairien s'efface alors derrière Léopold Sédar Senghor. L'homme total. Puisque, depuis Platon, toute une tradition oppose la figure du poète à l'engagement politique, il va, drapé de sa superbe, prouver l'inverse. Certes, Saint-John Perse a tenté l'expérience, mais à ses dépens. Avant qu'on ne l'y oblige, il reprendra son nom d'Alexis Léger pour occuper les fonctions régaliennes de secrétaire général du Quai d'Orsay. Si le XIXe siècle a sacralisé les poètes pour en faire des hommes providentiels destinés à accéder au pouvoir, on a vu ce qu'il en est advenu. De Lamartine à Vigny en passant par Hugo ou Chateaubriand, chacun dans un registre différent, n'a fait qu'y goûter. Rien qui ressemble à la longue marche senghorienne. Rien qui démontre en quoi le talent de ces hommes a réveillé une carrière politique capable d'embrasser leurs idéaux. C'est toute la différence. Si de Gaulle ou Mitterrand ont pu prouver leur aptitude à la prose, au risque de passer pour des écrivains, ils n'ont d'eux-mêmes jamais caressé l'idée de tenter une postérité autrement qu'à travers leur génie politique. C'est toute la distinction.

Pour mieux comprendre ce qui, chez Senghor, apparaît comme une ambivalence, il faut se reporter une fois encore à « Chaka », poème d'*Éthiopiques* qui met en scène la mort du guerrier zoulou Chaka. Or Chaka, c'est lui. Senghor, qui, accusé par « une Voix Blanche » d'être

75. « Ndissé ou Blues ». Manuscrit autographe.

« un beau parleur », répond en assumant ses actes politiques :

Je devins une tête un bras sans tremblement, ni guerrier ni boucher
Un politique tu l'as dit – je tuai le poète – un homme d'action seul[71]

Mais quand la fin du guerrier est proche c'est le poète qui surgit et l'emporte :

J'ai longtemps parlé dans la solitude des palabres
Et beaucoup combattu dans la solitude de la mort
Contre ma vocation. Telle fut l'épreuve, et le purgatoire du Poète[72].

Au fond, cette fusion des genres est la quintessence d'une écriture poétique qui, au-delà de sa fécondité, prolonge son « royaume d'enfance » dans celui de la sagesse. Par le truchement d'une parole qui, chez lui, est action, il parvient à ses fins avec le sentiment d'avoir, naturellement, bouclé la boucle. Un registre si personnel que ses contemporains francophones n'ont pas fini d'en saisir les nuances. Il faudrait, pour ce faire, revisiter la langue française dans sa « majesté grammaticale » et la remettre au service de son imaginaire. Ce qui fait la clarté de cette langue, disait-il au risque de se répéter, c'est « sa syntaxe, toute de logique, nuancée cependant par des modes comme le conditionnel, mais surtout le subjonctif, sans oublier la concordance des temps, ni l'emploi subtil de la ponctuation, singulièrement de la virgule. Sans compter l'hommage qu'il faut rendre aux vertus des conjonctions relatives et subordonnées[73] ».

Un homme de cette trempe n'avait-il pas vocation à être le héraut de la francophonie ?

76. Le président Senghor et le candidat François Mitterrand, 1980.

IL AVAIT PRÉVU SON COUP DEPUIS UN MOMENT, LE « CHEVALIER DES IDÉES FIXES » : S'EMPARER DE LA LANGUE FRANÇAISE POUR ILLUMINER LES ESPRITS DE LA PLANÈTE. Dix ans pour déblayer le terrain, dix ans pour creuser les fondations. Autant pour construire le phare et éclairer le monde. Les lumières s'allument le 17 février 1986 à Versailles, dans ce château où Louis XIV décida, plus de trois siècles auparavant, d'éclairer l'Europe de son génie. Le président François Mitterrand l'a-t-il voulu ainsi, lui que la portée symbolique des événements ne laisse jamais indifférent ? Léopold Sédar Senghor est là, libéré de ses

obligations présidentielles, jouissant de son œuvre. On l'honore, on le congratule. On le jalouse surtout. Savent-ils, tous ces chefs d'État précautionneux, ce que le poète a enduré pour parvenir à ses fins? Lui, s'est accroché à son arbre de sagesse, décontenancé par l'apathie, la petitesse des ambitions, la suspicion à son endroit. « C'est un Français peint en noir ! », osa l'outrageux Houphouët-Boigny, patron de la Côte-d'Ivoire.

Il n'en démord pas. *Sa* langue française sera le terreau fertilisant de sa « civilisation de l'universel », celle qui nous conduira vers la Terre promise.

La Francophonie, c'est cet humanisme intégral qui se tisse autour de la terre : cette symbiose des « énergies dormantes » de tous les continents, de toutes les races, qui se réveillent à leur chaleur complémentaire[74].

77. Première conférence des chefs d'État et de gouvernement ayant en commun l'usage du français, Versailles, 17 février 1986.

Qui oserait parler ainsi sans prêter le flanc aux ricanements? Il est le dernier à prendre les mots par la racine et à les libérer de leur souche. Peut-être, avant lui, son ami Paul Claudel, quand il vint à Strasbourg en 1953 donner aux esprits chagrins de l'époque son «Ode à l'Europe»? Encore n'était-il que simple diplomate… C'est que la poésie s'est tue. Les hommes d'État ne savent plus relever leurs plats du sel des mots. Lui, avec cette dilection souffreteuse du moine éclairé, se guérit de la mort en propulsant son lyrisme au cœur des âmes vivantes. Juste pour leur donner envie de goûter à la joie d'exister.

Nous sommes les hommes de la danse, dont les pieds reprennent vigueur en frappant le sol dur[75].

Déjà la multitude n'entend plus les voix divines. Les prédicateurs idéologues se sont octroyé les places. Toute cette jeunesse du monde voudrait bien l'entendre, le comprendre, l'aimer. Mais ses mots ricochent sur les têtes. Il a beau exhorter les «Nègres nouveaux» à «cesser, par complexe d'infériorité, de vivre à la surface d'eux-mêmes», il est bien seul sur cette terre brûlée à célébrer la *sensualité* de la langue française. À désespérer des «demi-cultivés» qui «se fourvoient dans une assimilation illusoire», quand lui continuerait bien volontiers à opposer la «raison-étreinte du Négro-Africain à celle de la raison-œil du Blanc européen». Trop compliqué. Les appétits temporels ont emporté le morceau. Les poètes sont bannis de la cité. L'ombre de Platon plane de nouveau sur la terre.

Aux quatre cents millions d'hommes et de femmes qui partagent en commun cent soixante mille mots de français, il dira que face à l'anglais, qui en comporte plus de quatre cents mille, notre langue est « plus riche, plus claire, plus précise ». Et de rappeler au passage que les Britanniques, ou les Américains, ne font que nous emprunter les nôtres, dérivant du latin et du grec. Voilà pour la mise au point. Pour le reste, c'est-à-dire l'intendance, Senghor a eu le génie de convaincre très tôt ses pairs africains de se serrer les coudes. En juin 1966, à Tananarive, il réunit une conférence des chefs d'État de l'Organisation commune africaine et malgache pour prendre date. Il crée une « communauté spirituelle de nations qui emploient le français ». À l'arraché. Fort de cette légitimité, il convainc deux monuments de l'époque, le Tunisien Habib Bourguiba et le Nigérien Hamani Diori, de partager avec lui le fardeau des compromis. Et le prince cambodgien Sihanouk d'apporter sa caution asiatique. La France fait la moue. De Gaulle refusera même de répondre à des questions sur le sujet dans sa conférence de presse du 28 octobre 1966 ! Il faudra donner à Paris des signes d'allégeance en échange de quelques moyens pour souffler sur les braises. Qu'à cela ne tienne, c'est un ministre poète qui, ce 17 février 1969, viendra présider à Niamey la première Conférence intergouvernementale des États francophones. André Malraux pour baptiser la francophonie naissante et adouber ses parrains, qui dit mieux ?

Entre-temps le chef de file sénégalais de la francophonie internationale a découvert le pot-aux-roses. Le Canada fait des misères à la France sur la question du Québec. Mais quand l'homme du 18 Juin viendra, en juillet 1967, à Montréal lancer devant une foule éberluée un « Vive le Québec libre ! », l'imaginaire français retrouvera des couleurs et le président poète des horizons inespérés. Pas pour longtemps. Sa complicité légendaire avec le nouveau président de la

République française Georges Pompidou se traduira par une sorte d'indifférence larvée à l'endroit de la grande cause. Il en est contrit, mais n'en laisse rien voir. Le Conseil international de la langue française, qu'il a pourtant créé en 1967 avec la complicité du poète, était sans consistance politique. Quant à Valéry Giscard d'Estaing, il préférera pérorer sur la langue française dans les enceintes des sommets franco-africains désormais ritualisés, plutôt que dans ceux de la francophonie, qui attendent d'être convoqués. En novembre 1980, alors que le président du Sénégal s'apprête à réunir à Dakar ce que le monde entier compte de sommités « ayant en commun l'usage du français », il trouve sur sa route un chef d'État français féru de Flaubert et d'accordéon pour lui signifier *in extremis,* par télégramme, qu'il n'y a pas urgence. Dépité, il se fend d'un mémoire à l'endroit de Claude Cheysson, commissaire européen à Bruxelles chargé du développement, pour lui proposer à la date du 3 décembre 1980 un vaste plan de sauvegarde des cultures africaines... Le 31, il quitte le pouvoir.

Il a fallu qu'un socialiste littéraire arrive au sommet de l'État dans la patrie de Jean Jaurès pour que la ronde des grands francophones trouve enfin, à Versailles, mieux qu'une réception, une authentique bénédiction républicaine. « La France, c'est d'abord la langue française ! » proclame François Mitterrand ajouter : « Je suis de ceux qui croient qu'un langage est, et reste, la structure fondamentale de la société. »

L'académicien se régale. L'ancien président du Sénégal esquisse un sourire approbateur, sincère et désintéressé.

Que la droite est ingrate avec le meilleur de ses ambassadeurs ! Pourquoi, quand le fruit était mûr, a-t-elle privé son grammairien distingué des honneurs de la République mère ? Comme cela ne

POINT DE VUE

J'ai honte

par Erik Orsenna

ON se le disait, le répétait, sans oser y croire. Les masques sont tombés. L'affaire est entendue. La France, désormais, se moque de l'Afrique. De ses fidélités passées, de ses douleurs présentes, de l'avenir de sa jeunesse. Chacun chez soi. Le Nord avec le Nord. Les gueux du Sud entre eux. Merci la Méditerranée. La mer nous protège des appels des plus pauvres.

Un grand d'Afrique vient de mourir, son dernier « Vieux ». Un grammairien, c'est-à-dire un gourmand de règles sous le désordre du monde. Un poète, c'est-à-dire un chasseur d'échos secrets. Un démocrate, c'est-à-dire un respectueux de la dignité humaine. Un ministre du général de Gaulle en même temps qu'un militant indomptable de son pays. Un ami indéfectible de la France en ce qu'elle a d'universel : sa langue, celle de la liberté.

Quatre-vingt-quinze années d'une telle existence, ça se salue. On se déplace, et l'on ôte son chapeau quand on porte en terre celui qui a si hautement vécu.

Eh bien non !

Nos autorités en ont décidé autrement. Qui avait ses vœux à préparer. Qui ses vacances à ne pas interrompre. On a envoyé à Dakar un Raymond, de Belfort, et un Charles, des Côtes-d'Armor. Leur valeur ni leur personne ne sont en cause, mais leur statut. Pas de président de la République française. Ni de premier ministre. La terre sur Léopold Sédar Senghor s'est refermée sans eux.

Alors j'ai honte. Honte pour eux et pour nous, Français qu'ils représentent. Honte de leur oubli et de leur petitesse. Petitesse de vision. Croient-ils une seconde vivre en paix, de plus en plus riches, dans la citadelle Euroland.

A Matignon, depuis cinq ans, décide un socialiste. Jamais, depuis des décennies, notre aide publique au développement n'a tant baissé. Malgré une manne budgétaire jamais aussi grasse.

Alors j'avoue ne plus rien comprendre. Pour moi, le socialisme – auquel j'ai adhéré dès le cœur de l'adolescence – était d'abord la défense des plus faibles. Donc du tiers-monde.

Lire la suite page 9

***Erik Orsenna**, écrivain, membre de l'Académie française.*

devait pas suffire, elle ajoutera à cette inconséquence une faute de goût : l'absence du chef de l'État gaulliste à Dakar lors des funérailles du poète en décembre 2001. Le Premier ministre socialiste ne s'y rendit pas non plus.

Mais – « puisqu'il faut conclure », disait Senghor – revenons en arrière, en ce mois de décembre 1989 où le mur de Berlin tomba. Une sorte de vent de liberté souffla sur les continents. Des hommes et des femmes se mirent à rêver d'un autre monde. Un monde de paix, multipolaire, pluriel, débarrassé des reliques marxistes annihilantes. Un monde dans lequel on chercherait à s'entendre à défaut de s'aimer. Ironie de l'Histoire, la patrie de Victor Hugo fête cette année-là le bicentenaire de sa Révolution avec l'espoir de rappeler au commun des mortels les vertus de l'égalité, de la liberté et de la fraternité. Et à la langue française de faire vaciller les bastilles de la pensée unique mondialisée. Chacun de tourner la tête pour chercher les porteurs du flambeau. Partis. Le meilleur d'entre eux coule des jours de quiétude, se soustrait au monde par l'écriture et les honneurs, tandis que ses brillants successeurs tentent d'endiguer comme ils le peuvent une américanophonie triomphante. L'Histoire est cruelle.

Jean-Michel Djian

78. Tribune d'Érik Orsenna à la une du *Monde*, 5 janvier 2002.

NOTES

1 A. Anta Ka, « Senghor à hauteur d'homme », dans *Senghor*, actes du colloque de Dakar consécutif à la célébration du quatre-vingt-dixième anniversaire de Senghor, université Cheikh-Anta-Diop, 10 et 11 octobre 1996, Presses universitaires de Dakar.
2 *Ibid.*
3 Traduction littérale de « Ngasobil ».
4 *Senghor*, actes du colloque de Dakar, *op. cit.*
5 L.S. Senghor, « Le Portrait », *Poèmes divers*, dans *Œuvre poétique*, Seuil, 1990, p. 219 (« Points »).
6 L.S. Senghor, « Femme noire », *Chants d'ombre* (1945), dans *Œuvre poétique*, *op. cit.*, p. 16.
7 L.S. Senghor, « Perceur de tam-tam », *Poèmes divers*, dans *Œuvre poétique*, *op. cit.*, p. 224.
8 L.S. Senghor, « Le Problème culturel en AOF », dans *Liberté*, I, *Négritude et humanisme*, Seuil, 1964, p. 11.
9 L.S. Senghor, « Je suis seul », *Poèmes divers*, dans *Œuvre poétique*, *op. cit.*, p. 224.
10 *Esprit*, juillet 1945. Propos inspirés d'un rapport qu'il vient, la même année, de commettre en sa qualité de membre de la Commission pour la réforme constitutionnelle, et intitulé *La Communauté impériale française.*
11 L.S. Senghor et E. Faure, *Discours de réception et de remerciement à l'Académie française*, Seuil, 1984.
12 L.S. Senghor, « Chaka », *Éthiopiques*, dans *Œuvre poétique*, *op. cit.*, p. 118.
13 L.S. Senghor, *Paroles*, Dakar-Abidjan, Nouvelles Éditions africaines, 1975.
14 L.S. Senghor, *Ce que je crois*, Grasset, 1988, p. 47.
15 *Ibid.*, p. 73.
16 L'Afrique occidentale française et l'Afrique équatoriale française succèdent ainsi à l'Union française.
17 Parti qui succédera au Bloc démocratique sénégalais créé en 1948 par Senghor à la suite de sa démission de la SFIO.
18 R. Queneau, *Journaux (1914-1965)*, Gallimard, 1996, p. 1101-1102 [année 1964].
19 « Lettre à Günter Grass » (Dakar, 16 octobre 1968), dans *Liberté*, III, *Négritude et civilisation de l'universel*, Seuil, 1977, p. 175.
20 Cité par André Malraux, *Le Miroir des limbes. La Corde et les Souris*, dans *Œuvres complètes*, III, Gallimard, 1996, p. 503 (« Bibliothèque de la Pléiade »).
21 L.S. Senghor, « Éloge de la latinité », allocution à sa réception au Capitole par le conseil municipal de Rome, 30 octobre 1962 ; repris dans *Liberté*, I, *Négritude et humanisme*, *op. cit.*, p. 364-357.
22 *Éthiopiques*, octobre 1996.
23 L.S. Senghor, « Que m'accompagnent kôras et balafong » (1939), *Chants d'ombre* (1945), dans *Œuvre poétique*, *op. cit.*, p. 28-37.
24 L.S. Senghor, « Prière de paix (pour grandes orgues). À Georges et Claude Pompidou »

(janvier 1945), *Hosties noires*, dans *Œuvre poétique*, *op. cit.*, p. 95.

25 Jean-Paul Sartre, « Orphée noir », dans *Anthologie de la nouvelle poésie noire et malgache*, PUF, 1948, p. XX (repris dans *Situations*, III, Gallimard, 1949).

26 L.S. Senghor, « Élégie de minuit », *Nocturnes*, dans *Œuvre poétique*, *op. cit.*, p. 199.

27 *Ibid.*

28 Uwe Ommer, *Black Ladies*, préface et poèmes de Léopold Sédar Senghor, Éditions du Jaguar, 1994.

29 L.S. Senghor, « Que m'accompagnent kôras et balafong », *Chants d'ombre*, dans *Œuvre poétique*, *op. cit.*, p. 34.

30 L.S. Senghor, « Élégie de minuit », *Nocturnes*, dans *Œuvre poétique*, *op. cit.*, p. 199.

31 L.S. Senghor, « Par-delà Éros », *Chants d'ombre*, dans *Œuvre poétique*, *op. cit.*, p. 44.

32 L.S. Senghor, « À la mort », *Chants d'ombre*, dans *Œuvre poétique*, *op. cit.*, p. 24.

33 L.S. Senghor, *Liberté*, I, *Négritude et humanisme*, *op. cit.*, p. 294.

34 Discours à Howard University, 28 septembre 1966.

35 *Le Soleil*, numéro spécial pour le quatre-vingt-dixième anniversaire de Léopold Sédar Senghor, octobre 1996.

36 L.S. Senghor, *Liberté*, I, *Négritude et humanisme*, *op. cit.*, p. 320.

37 *« La Poésie de l'action ». Léopold Sédar Senghor interrogé par Mohamed Aziza*, Stock, 1980.

38 *Ibid.*

39 *Ibid.*

40 Conférence sur la négritude tenue à l'université de Montréal le 26 septembre 1966.

41 Presses universitaires de France, 1948.

42 « Prophète » en latin.

43 Jean-Paul Sartre, « Orphée noir », dans *Situations*, III, *op. cit.*

44 L.S. Senghor, *Liberté*, III, *Négritude et civilisation de l'universel*, *op. cit.*

45 *Ibid.*

46 *Ibid.*

47 Robert Jouanny, *Les Voies du lyrisme dans les poèmes de Léopold Sédar Senghor*, Honoré Champion, 1986.

48 *Léopold Sédar Senghor, de la tradition à l'universalisme*, Seuil, 1988.

49 *Ibid.*

50 L.S. Senghor, « Plaidoyer pour les humanités classiques », *Vita Latina*, n° 51, 1973.

51 L.S. Senghor, *Ce que je crois*, *op. cit.*

52 L.S. Senghor, « Élégie pour Martin Luther King (pour orchestre de jazz) », dans *Œuvre poétique*, *op. cit.*, p. 302.

53 *Éthiopiques*, dans *Œuvre poétique*, *op. cit.*, p. 101.

54 L. S. Senghor, « Perceur de tam-tam », *Poèmes divers*, dans *Œuvre poétique*, *op. cit.*, p. 224.

55 L.S. Senghor, « Prière des tirailleurs sénégalais (guimm pour deux kôras) », *Hosties noires*, dans *Œuvre poétique*, *op. cit.*, p. 70.

56 André Malraux, *Le Miroir des limbes. La Corde et les Souris*, dans *Œuvres complètes*, III, *op. cit.*, p. 501.

57 *Ibid.*, p. 502-503.

58 L.S. Senghor, « Chant d'ombre », *Chants d'ombre*, dans *Œuvre poétique*, *op. cit.*, p. 40.

59 L.S. Senghor, « Prière des tirailleurs sénégalais (guimm pour deux kôras) » (avril 1940), *Hosties noires*, dans *Œuvre poétique*, *op. cit.*, p. 69-70.

60 L.S. Senghor, *Élégie pour Philippe-Maguilen Senghor (pour orchestre de jazz et chœur polyphonique)*, dans *Œuvre poétique*, *op. cit.*, p. 287.

61 Leçon inaugurale du Programme d'administration publique pour fonctionnaires francophones des pays en voie de développement, prononcée à l'université d'Ottawa le 20 septembre 1966.

62 *Ibid.*

63 Leçon inaugurale de la chaire des études francophones en Sorbonne le 11 décembre 1974. Repris sous le titre « Pour un humanisme de la francophonie », dans *Liberté*, III, *op. cit.*, p. 542-552.

64 *Ibid.*

65 *Ibid.*

66 *Ibid.*

67 « La Francophonie comme culture », allocution de L.S. Senghor le 22 septembre 1966 à l'Université Laval (Québec) lors de la remise au récipiendaire du diplôme de docteur honoris causa.

68 *Léopold Sédar Senghor : Africanité – Universalité*, actes de colloque, publiés sous la direction de Jacques Girault et Bernard Lecherbonnier, propos de Stélio Farandjis, Université Paris XIII-L'Harmattan, 2003.

69 Publication dans la collection « Poètes d'aujourd'hui » des Éditions Seghers du premier essai anthologique sur Senghor.

70 *Léopold Sédar Senghor : Africanité – Universalité*, *op. cit.*

71 L.S. Senghor, « Chaka », *Éthiopiques*, dans *Œuvre poétique*, *op. cit.*, p. 122.

72 *Ibid.*, p. 129.

73 *Léopold Sédar Senghor : Africanité – Universalité*, *op. cit.* Propos rapporté par Stélio Farandjis.

74 « Le français, langue de culture », *Esprit*, novembre 1962 (*Liberté*, I, p. 358-363). Texte intégral repris ci-dessous, p. 160.

75 L.S. Senghor, « Prière aux masques », *Chants d'ombre*, dans *Œuvre poétique*, *op. cit.*, p. 24.

REMERCIEMENTS

Ce récit est inspiré des témoignages écrits et oraux de Christian Saglio, André Guillabert, Sylvain Sankalé, Christian Valantin, Aloyse N'Diaye, Rolland Colin, Bassine Niang-Senghor, Paul Nong, Abdou Diouf, Amadou Mathar M'Bow, Béchir Ben Yamed, Janos Riesz, Henri Lopes, Jean-René Bourrel, Alain Decaux, Edouard Glissant, Aimé Césaire, René Depestre ;

et de : Pierre Messmer, Joseph Roger de Benoist, Uwe Ommer, Régine Lefèvre, Marie-Madeleine Marquet, Dominique F. Mendy, Abdou Anta Ka, Aminata Diaw, Fatim Gueye, Tahar Ben Jelloun, Jean-Marc Léger, Karfa Diallo, Basile Senghor, Souleymane Bachir Diagne, Assane Seck, Oumar Kane, Amadou Ly, Oumar Sankharé, Souleymane Faye, Alain Robbe-Grillet, Nouréini Tidjani-Serpos, Jacqueline Sorel, Daniel Garrot, Josiane Nespoulous-Neuville, Robert Jouanny, Lilyan Kesteloot, Mohamed Aziza, Hamidou Sall, Robert Schilling, François Salien, Henri Bidou, Jean-Marie Domenach, Albert Bourgi, Amadou Lamine Sall, Badara Diouf, Vincent Monteil, Cheikh Hamidou Kane, Christiane Botbol, Bonnaventure Mvé-Ondo, Julien de Saint-Jores, Stélio Farandjis, André Lewin, Jean-Gérard Bosio, Béatrice Soulé, Jean-Noël Jeanneney, François Vignaux.

Remerciements particuliers à Mmes Colette et Valérie Senghor, ainsi qu'à Roger Dehaybe, Francine Moock et Alban Cerisier.

JMD

TEXTES ET DOCUMENTS

Léopold Sédar Senghor

Le français, langue de culture

Esprit, novembre 1962[1]

C'était en 1937. J'enseignais alors le *français* – avec les langues classiques –, depuis deux ans, au Lycée Descartes de Tours. Venu passer les grandes vacances dans mon Sénégal natal, je fus sollicité de donner une conférence. J'avais choisi, comme thème, *Le Problème culturel en AOF*. La foule des « évolués », blancs et noirs mêlés, s'écrasait dans la grande salle de la Chambre de Commerce de Dakar. On s'attendait à m'entendre exalter la culture gréco-latine, du moins la culture française. Devant le Gouverneur général ébahi, je fis une charge vigoureuse contre l'*assimilation* et exaltai la *Négritude,* préconisant le « retour aux sources » : aux langues négro-africaines. Ce fut un succès de scandale, plus, au demeurant, chez les Africains que chez les Européens. « Maintenant qu'il a appris le *latin* et le *grec*, murmuraient ceux-là, il veut nous ramener au *wolof.* »

Malgré l'indépendance politique – ou l'autonomie – proclamée, depuis deux ans, dans tous les anciens « Territoires d'Outre-Mer », malgré la faveur dont jouit la Négritude dans les États francophones au sud du Sahara, le *français* n'y a rien perdu de son prestige. Il a été, partout, proclamé *langue officielle* de l'État, et son rayonnement ne fait que s'étendre, même au Mali, même en Guinée. Il y a mieux, après le Ghana, qui, pourtant, n'est pas tendre pour la France, les États anglophones, l'un après l'autre, introduisent le français dans leur Enseignement du second degré, allant, parfois, jusqu'à le rendre obligatoire.

Comment expliquer cette faveur, cette ferveur, singulièrement cette *dissociation* de la politique et de la culture françaises ? C'est l'objet de mon propos.

Je ferai une première remarque. Cette dissociation est plus apparente que réelle. La *décolonisation*, poursuivie, avec constance, par le Général de Gaulle, achevée avec éclat en Algérie, n'a pas été pour rien dans cette faveur. En Afrique, l'esprit ne succombe pas à la *dichotomie*. On n'y sépare pas, comme en Europe, la *Culture* de la *Politique*. Le conflit de Bizerte a failli chasser le français des écoles tunisiennes.

Donc, si l'on introduit ou maintient l'enseignement du français en Afrique, si l'on l'y renforce, c'est, d'abord, pour des raisons politiques. En Afrique anglophone plus qu'ailleurs. À la raison que voilà, s'ajoute celle que voici : la majorité des États africains sont francophones et, à l'ONU, le tiers des délégations s'exprime en français. En 1960, après l'entrée massive de nouveaux États africains dans l'Organisation internationale, Habib Bourguiba en tira la conclusion logique : il faut renforcer l'enseignement du français en Tunisie. Dans les faits, Hassan II n'a pas appliqué une autre politique. Le Maroc, à lui seul, compte neuf mille « enseignants » français : plus de la moitié de ceux qui servent à l'étranger.

Je pense en français

Cependant, la principale raison de l'expansion du français hors de l'hexagone, de la naissance d'une *Francophonie*, c'est d'ordre culturel. C'est le lieu de répondre à la question que m'a posée, personnellement, *Esprit*. « Que représente, pour un écrivain noir, l'usage du français ? » Bien sûr, je ne manquerai pas d'y répondre plus loin. On me permettra seulement d'élargir le débat : de répondre au nom de toutes les élites noires, des politiques comme des écrivains. Ce faisant, je suis convaincu qu'une partie de nos raisons vaudra, également, pour les Maghrébins – je songe, en particulier, au regretté Jean Amrouche – encore que ceux-ci soient mieux qualifiés que moi pour parler en leur nom propre.

Il y a, d'abord, *une raison de fait*. Beaucoup parmi les élites, pensant en français, parlent mieux le français que leur langue maternelle, farcie, au demeurant, de *francismes*, du moins dans les villes. Pour choisir un exemple national, à Radio-Dakar, les émissions en français sont d'une langue plus pure que les émissions en langue vernaculaire. Il y a mieux, il n'est pas toujours facile, pour le non-initié, d'y distinguer les voix des Sénégalais de celles des Français.

Deuxième raison : *la richesse du vocabulaire français*. On y trouve, avec la série des *doublets* – d'origine populaire ou savante –, la multiplicité des *synonymes*. Je le sais bien, contrairement à ce que croit le Français moyen, les langues négro-africaines sont d'une richesse et d'une plasticité remarquables. Là où le Français emploie un mot latin pour désigner un arbre, une périphrase pour désigner une action, le Négro-africain emploie un seul nom ou un seul verbe populaire. Comme l'écrit André Davesne, dans *Croquis de brousse*, on compte, en *wolof*, sept mots pour désigner la femme de mauvaise vie quand « *chercher se traduit par onze mots et chanter par vingt* ». Mais ce qui, à première approximation, fait la force des langues négro-africaines fait, en même temps, leur faiblesse. Ce sont des *langues poétiques*. Les mots, presque toujours concrets, sont *enceints* d'images, l'ordonnance des mots dans la proposition, des propositions dans la phrase y obéit à la sensibilité plus qu'à l'intelligibilité : aux raisons du cœur plus qu'aux raisons de la raison. Ce qui, en définitive, fait la supériorité du français dans le domaine considéré, c'est de nous présenter, en outre, un vocabulaire technique et scientifique d'une richesse non dépassée. Enfin, une profusion de ces mots *abstraits*, dont nos langues manquent.

Troisième raison : la syntaxe française. Parce que pourvu d'un vocabulaire abondant, grâce, en partie, aux réserves du latin et du grec, le français est une langue concise. Par le même fait, c'est une langue précise et nuancée, donc claire. Il est, partant, une langue *discursive*, qui place chaque fait, chaque argument à sa place, sans en oublier un. *Langue d'analyse*, le français n'est pas moins *langue de synthèse*. On n'analyse pas sans synthétiser, on ne dénombre pas sans rassembler, on ne fait pas éclater la contradiction sans la dépasser. Si, du latin, le français n'a pas conservé toute la rigueur technique, il a hérité de toute une série de mots-pierres-d'angle, de mots-ciment, de mots-gonds. *Mots-outils*, les conjonctions et locutions conjonctives lient une proposition à l'autre, une idée à l'autre, les subordonnant l'une à l'autre. Elles indiquent les étapes nécessaires de la pensée active : du raisonnement. À preuve que les intellectuels noirs ont dû emprunter ces outils au français pour *vertébrer* les langues vernaculaires. À la *syntaxe de juxtaposition* des langues négro-africaines, s'oppose la *syntaxe de subordination* du français ; à la syntaxe du concret vécu, celle de l'abstrait pensée : pour tout dire, la syntaxe de la raison à celle de l'émotion.

Quatrième raison : *la stylistique* française. Le style français pourrait être défini comme une *symbiose* de la subtilité grecque et de la rigueur latine, symbiose animée par la passion celtique. Il est, plus qu'ordonnance, *ordination*. Son génie est de puiser dans le vaste dictionnaire de l'univers pour, des matériaux ainsi rassemblés – faits, émotions, idées –, construire un monde nouveau : celui de l'*Homme*. Un monde idéal, et réel en même temps, parce que de l'Homme, où toutes choses, placées, chacune, à son rang, convergent vers le même but, qu'elles manifestent solidairement.

C'est ainsi que la prose française – et le poème jusqu'aux Surréalistes – nous a appris à nous appuyer sur des faits et des idées pour élucider l'univers ; mieux, pour exprimer le monde intérieur par *restructuration* cohérente de l'univers.

Cinquième raison : l'Humanisme français. C'est précisément dans cette élucidation, dans cette *re-création*, que consiste l'Humanisme français. Car il a l'Homme comme objet de son activité. Qu'il s'agisse du Droit, de la Littérature, de l'Art, voire de la Science, le sceau du génie français demeure ce souci de l'Homme. Le français exprime, toujours, une *morale*. D'où son caractère d'*universalité*, qui corrige son goût de l'individualisme.

Je sais le reproche que l'on fait à cet humanisme de l'*honnête homme* : c'est un système fermé et statique, qui se fonde sur l'*équilibre*. Il y a quelques années, j'ai donné une conférence intitulée *L'Humanisme de l'Union française*. Mon propos était de montrer comment, au contact des réalités « coloniales », c'est-à-dire des civilisations ultramarines, l'humanisme français s'était enrichi, s'approfondissant en s'élargissant, pour intégrer les *valeurs* de ces civilisations. Comment il était passé *de l'assimilation à la coopération* : à la symbiose. De la morale statique à la morale de mouvement, chère à Pierre Teilhard de Chardin. Comme le notait Jean Daniel, à propos de l'Algérie, dans l'*Express* du 28 juin 1962, Colonisateurs et Colonisés se sont, en réalité, colonisés réciproquement : « Il [le pays de France] s'est imprégné si fort des civilisations qu'il a entendu dominer, que les colonisés lui font, aujourd'hui, un sort à part, voyant, dans ce bourreau, une victime en puissance, dans cet aliénateur, un aliéné, dans cet ennemi un complice. » Je ne veux retenir, ici, que l'apport positif de la Colonisation, qui apparaît à l'aube de l'indépendance. L'ennemi d'hier est un complice, qui nous a enrichis en s'enrichissant à notre contact.

Mais il me faut, avant de finir, répondre à la question qui m'a été, personnellement, posée. Car les raisons que voilà sont, tout aussi bien, celles des politiques, qui veulent mener, de front, le développement économique et le développement culturel de leurs peuples respectifs pour, au-delà du bien-être, leur assurer le *plus-être*. *Que représente, pour moi, écrivain noir, l'usage du français ?* La question mérite d'autant plus réponse qu'on s'adresse, ici, au *Poète* et que j'ai défini les langues négro-africaines des « *langues poétiques* ».

En répondant, je reprendrai l'argument de fait. Je pense en français ; je m'exprime mieux en français que dans ma langue maternelle.

Il y a aussi le fait que n'importe quel enfant, placé assez jeune dans un pays étranger, en apprend aussi facilement la langue que les autochtones. C'est dire la plasticité de l'esprit humain et que chaque langue peut exprimer toute l'âme humaine. Elle met seulement l'accent sur tel ou tel aspect de cette âme en la traduisant, de surcroît, à *sa* manière.

Or il se trouve que le *français* est, contrairement à ce qu'on a dit, *une langue éminemment poétique*. Non par sa clarté, par sa richesse. Certes, il fut, jusqu'au

XIXe siècle, une langue de moralistes, de juristes et de diplomates : « Une langue de gentillesse et d'honnêteté. » Mais c'est alors que Victor Hugo vint, qui, bouleversant la noble et austère ordonnance de Malherbe, mit « [...] *un bonnet rouge au vieux dictionnaire* ». Il libéra, du même coup, une foule de mots tabous : pêle-mêle, mots concrets et mots abstraits, mots savants et mots techniques, mots populaires et mots exotiques. Et puis vinrent, un siècle plus tard, les Surréalistes, qui ne se contentèrent pas de mettre à sac le jardin à la française du *poème-discours*. Ils firent sauter tous les mots-gonds, pour nous livrer des poèmes nus, haletant du rythme même de l'âme. Ils avaient retrouvé la *syntaxe nègre de juxtaposition*, où les mots, télescopés, jaillissent en flammes de métaphores : de *symboles*. Le terrain, comme on le voit, était préparé pour une *poésie nègre de langue française*.

Bien sûr, me dira-t-on, mais quel était l'avantage du français pour ceux qui avaient la maîtrise d'une langue négro-africaine. L'avantage, c'était, essentiellement, la richesse du vocabulaire et le fait que le français est une langue d'*audience internationale*. Nous laisserons de côté ce dernier fait, qui est assez patent pour ne pas mériter explication. L'avantage du français était, est de nous offrir un choix : « Le Noir, écrit André Davesne dans *Croquis de brousse*, est ainsi préparé, par ses traditions verbales, à distinguer, dans les mots que lui présente la langue française, deux valeurs : l'une abstraite et intellectuelle, la signification ; l'autre concrète et sensuelle, la musicalité. Si donc il aborde, sans précaution, l'apprentissage de notre langue, il y puisera une double collection de mots : les uns, qui désignent quelque chose de tangible, un objet, par exemple, et qui ne peuvent être détournés de leur sens ; les autres d'un usage moins constant, dont la signification est trop mystérieuse ou trop « intellectuelle » pour devenir déterminante dans l'emploi qu'on en doit faire, mais qui méritent d'être utilisés à cause de leur tonalité et de leur résonance.

De ce qui est instinctif chez les illettrés, nous avons pu faire une *poïèsis*, une méthode délibérée de création. Le problème, au demeurant, est plus complexe que ne le dit Davesne. Ce sont tous les mots français qui, par viol et retournement, peuvent allumer la flamme de la métaphore. Les mots les plus « intellectuels », il suffit de les déraciner, en creusant leur étymologie, pour les livrer au soleil du symbole.

Ne pas renier les langues africaines

Comme nous l'avons vu, le vocabulaire n'épuise pas les vertus du français. La stylistique, en particulier, est occasion de pêches miraculeuses. Pour en revenir à la musique des mots, le français offre une variété de timbres dont on peut tirer tous les effets : de la douceur des Alizés, la nuit, sur les hautes palmes, à la violence fulgurante de la foudre sur les têtes des baobabs. Il n'y a pas jusqu'aux rythmes du français qui n'offrent des ressources insoupçonnées. Au demeurant, le rythme binaire du vers classique peut rendre le halètement despotique du tam-tam. Il suffit de bousculer légèrement pour faire surgir, au-dessus du rythme de base, contretemps et syncopes.

Que conclure, de tout cela, sinon que nous, politiques noirs, nous, écrivains noirs, nous sentons, pour le moins, aussi libres à l'intérieur du français que de nos langues maternelles. Plus libres, en vérité, puisque la *Liberté* se mesure à la puissance de l'outil : à la force de création.

Il n'est pas question de renier les langues

africaines. Pendant des siècles, peut-être des millénaires, elles seront encore parlées, exprimant les immensités abyssales de la *Négritude*. Nous continuerons d'y pêcher les *images-archétypes* : les poissons des grandes profondeurs. Il est question d'exprimer notre *authenticité* de métis culturels, d'hommes du XXe siècle. Au moment que, par *totalisation* et *socialisation*, se construit la *Civilisation de l'Universel*, il est, d'un mot, question de nous servir de ce merveilleux outil, trouvé dans les décombres du Régime colonial. De cet outil qu'est la langue française.

La Francophonie, c'est cet *Humanisme intégral*, qui se tisse autour de la terre : cette *symbiose* des « énergies dormantes » de tous les continents, de toutes les races, qui se réveillent à leur chaleur complémentaire. « *La France*, me disait un délégué du FLN, *c'est vous, c'est moi : c'est la Culture française.* » Renversons la proposition pour être complets : la *Négritude*, l'*Arabisme*, c'est aussi vous, Français de l'Hexagone. *Nos* valeurs font battre, maintenant, les livres que vous lisez, la langue que vous parlez : le *français*, Soleil qui brille hors de l'Hexagone.

1 N° 311 [*Liberté*, I, p. 358-363].

Un « numéro nègre » pour les *Cahiers du Sud* ?

Correspondance entre Léopold Sédar Senghor et Jean Ballard (1938-1964)

Née en 1913 à Marseille sous le nom de Fortunio, *la revue littéraire* Cahiers du Sud, *ainsi rebaptisée en 1925, paraît jusqu'en 1966, composant une collection de quelque quatre cents livraisons aux sommaires d'une grande richesse, réparties en trois séries. Réunie par le jeune Marcel Pagnol, l'équipe d'origine accueille dans ses rangs Jean Ballard dès le troisième numéro. Soutenu par* Le Petit Provençal, *la revue prend son essor dans les années 1920, créant son propre théâtre et sa maison d'édition. Nommé à Paris, Pagnol prend ses distances avec la revue pour en quitter définitivement le comité de rédaction en 1925. Avec Jean Ballard à sa tête à partir de 1921 et désormais seul maître à bord, les* Cahiers *affirment leur vocation à exprimer et prolonger l'esprit de la ville carrefour cosmopolite qui les a vus naître. Il n'est pas à s'étonner que Senghor y ait prêté attention ; ouverts sur le voisin africain, les* Cahiers *portent en eux l'esprit de rencontre et de compréhension mutuelle des civilisations, le brassage et le dialogue féconds des peuples, des langues et des religions au profit d'une manière d'universalité. L'humanisme méditerranéen de Ballard a pu trouver un écho dans la « civilisation de l'universel » senghorienne.*

Sous l'influence du poète André Gaillard, la revue s'ouvre à ses débuts, sans exclusive cependant, au surréalisme et à l'avant-garde, publiant des œuvres de Crevel, Eluard, Péret, mais aussi d'Artaud, de Desnos ou de Michaux, et des animateurs du Grand Jeu... Après la disparition de Gaillard, en 1929, c'est l'influence de son ami Joë Bousquet qui s'exerce avec force sur les sommaires de la revue, le poète et critique de Carcassonne devenant un des familiers de l'équipe marseillaise. Le poète et critique Léon-Gabriel Gros, proche des surréalistes, et Gabriel Bertin assurent alors la charge de rédaction en chef. La diffusion de la revue s'amplifie, notamment à l'étranger et dans l'empire colonial.

Les numéros spéciaux des Cahiers du Sud, *imaginés par Georgette Camille, fort copieux et largement ouverts sur les cultures étrangères, ont beaucoup contribué, avant guerre, à la renommée et à la légitimité culturelle de la revue, qu'ils s'ouvrent au théâtre élisabéthain, au romantisme allemand, aux rapports entre l'Islam et l'Occident ou aux civilisations indienne et occitane. C'est à la conception d'un tel numéro que Jean Ballard incite Senghor à réfléchir au début de l'année 1938 : que dirait le jeune agrégé poète d'un projet de numéro nègre ? Le directeur des* Cahiers *en formule publiquement l'idée dans ses « Propos de nos vingt-cinq ans », publiés en janvier 1938, annonçant une livraison très novatrice consacrée au « Folklore du monde noir ». L'idée d'un « numéro nègre » semble d'ailleurs être née bien plus tôt, puisque une notation du* Journal de

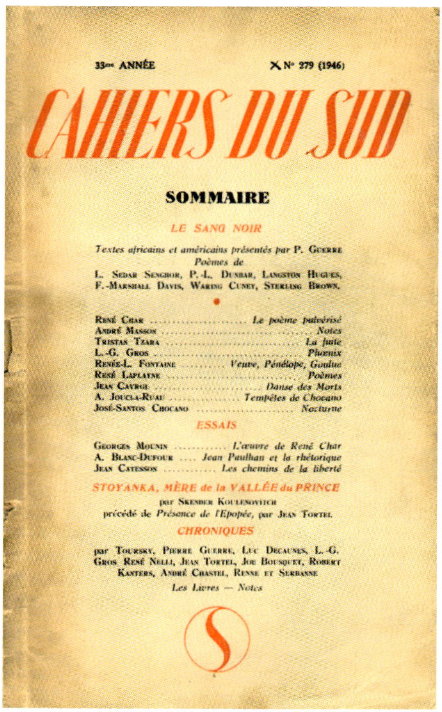

33me ANNÉE — N° 279 (1946)

CAHIERS DU SUD

SOMMAIRE

LE SANG NOIR

Textes africains et américains présentés par P. Guerre
Poèmes de
L. Sedar Senghor, P.-L. Dunbar, Langston Hugues,
F.-Marshall Davis, Waring Cuney, Sterling Brown.

René Char .... *Le poème pulvérisé*
André Masson .... *Notes*
Tristan Tzara .... *La fuite*
L.-G. Gros .... *Phœnix*
Renée-L. Fontaine .... *Veuve, Pénélope, Goulue*
René Laplayne .... *Poèmes*
Jean Cayrol .... *Danse des Morts*
A. Joucla-Ruau .... *Tempêtes de Chocano*
José-Santos Chocano .... *Nocturne*

ESSAIS

Georges Mounin .... *L'œuvre de René Char*
A. Blanc-Dufour .... *Jean Paulhan et la rhétorique*
Jean Catesson .... *Les chemins de la liberté*

STOYANKA, MÈRE de la VALLÉE du PRINCE
par Skender Koulenovitch
précédé de *Présence de l'Epopée*, par Jean Tortel

CHRONIQUES

par Toursky, Pierre Guerre, Luc Decaunes, L.-G. Gros René Nelli, Jean Tortel, Joe Bousquet, Robert Kanters, André Chastel, Renne et Serbanne

Les Livres — Notes

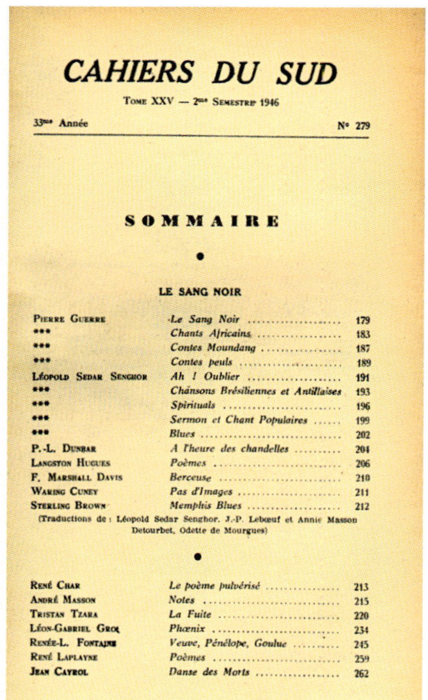

CAHIERS DU SUD

Tome XXV — 2me Semestre 1946

33me Année — N° 279

SOMMAIRE

LE SANG NOIR

Pierre Guerre	*Le Sang Noir*	179
***	*Chants Africains*	183
***	*Contes Moundang*	187
***	*Contes peuls*	189
Léopold Sedar Senghor	*Ah ! Oublier*	191
***	*Chansons Brésiliennes et Antillaises*	193
***	*Spirituals*	196
***	*Sermon et Chant Populaires*	199
***	*Blues*	202
P.-L. Dunbar	*A l'heure des chandelles*	204
Langston Hugues	*Poèmes*	206
F. Marshall Davis	*Berceuse*	210
Waring Cuney	*Pas d'Images*	211
Sterling Brown	*Memphis Blues*	212

(Traductions de : Léopold Sedar Senghor, J.-P. Lebœuf et Annie Masson Detourbet, Odette de Mourgues)

René Char	*Le poème pulvérisé*	213
André Masson	*Notes*	215
Tristan Tzara	*La Fuite*	220
Léon-Gabriel Gros	*Phœnix*	234
Renée-L. Fontaine	*Veuve, Pénélope, Goulue*	245
René Laplayne	*Poèmes*	259
Jean Cayrol	*Danse des Morts*	262

79. ***De gauche à droite*** **: Jean Ballard, Gabriel Bertin et Léon-Gabriel Gros, l'équipe dirigeante des *Cahiers du Sud*, années 1920.**

80 et 81. La 279e livraison des *Cahiers du Sud*, au fronton de laquelle Senghor contribua auprès de Pierre Guerre, 1946. Couverture et page de sommaire.

Michel Leiris atteste que l'écrivain et ethnologue avait été sollicité lui aussi à ce sujet (mais en vain) par Ballard, dès 1930.

La thématique de la négritude, sous ses espèces littéraire et artistique, était tout appropriée aux Cahiers. *Si le projet ne put être mené à terme, en raison de la guerre et de la difficulté rencontrée par Senghor à mobiliser des collaborateurs parmi ses proches, il trouva une forme de réalisation avec la publication d'un fronton intitulé «Le Sang noir» ouvrant le numéro 279 de 1946 et placé sous la responsabilité de l'auteur de* Chants d'ombre.

On donne ici la transcription de la correspondance entre Ballard et Senghor déposée à la Bibliothèque municipale de Marseille, détentrice du fonds d'archives des Cahiers du Sud *depuis 1974. On pourra se reporter, pour plus d'informations, à deux ouvrages clés sur la revue marseillaise, celui d'Alain Paire d'une part,* Chronique des Cahiers du Sud 1914-1966 *(IMEC, 1993), et le catalogue d'exposition* Jean Ballard & les Cahiers du Sud *(Ville de Marseille, 1993) d'autre part.*

1. Léopold Sédar Senghor à Jean Ballard

Tours. 89 *bis*, boulevard Heurteloup[1]

5 mars 1938

Cher Ballard,

Ces lignes pour vous dire combien j'ai été sensible à la simplicité et à la cordialité de votre accueil; pour vous dire aussi que je ne vous oublie pas, ni vous personnellement, ni les *Cahiers*.

J'ai vu, hier, le libraire Tridon, rue Nationale, le plus grand libraire de Tours. Il m'a dit qu'il recevait un ou deux exemplaires des *Cahiers* tous les mois, que l'an dernier un client, un étudiant, en achetait régulièrement, que, cette année, la vente était plus irrégulière. Donc, à Tours, il s'agit de mieux faire connaître les *Cahiers* : je vais y travailler.

D'autre part, je compte vous envoyer prochainement un avant-projet pour votre numéro «nègre». À ce propos, j'écris aujourd'hui même à Louis Achille[2] qui pourra en parler à Alain Locke et à quelques autres représentants du mouvement «néo-nègre[3]». Moi-même, je m'occuperai de la question chez les intellectuels de couleur à Paris.

Enfin, je serai heureux de vous communiquer les quelques nouveaux poèmes que j'ai sur le chantier quand j'aurai fini de les polir[4].

Je me rappelle au souvenir de nos amis des *Cahiers* et vous prie de croire à mon amical dévouement.

Senghor

1 Senghor est alors professeur de français au lycée Descartes de Tours; nommé à la fin de l'année 1938 dans un établissement de Saint-Maur-des-Fossés, il s'installera près de Vincennes.

2 L'Antillais Louis Achille, ancien condisciple de Senghor en khâgne à Louis-le-Grand, premier professeur agrégé antillais. Les frères Achille faisaient partie de l'équipe rédactionnelle de *L'Étudiant noir*, revue créée par Senghor et Césaire en 1934.

3 Appellation, due à Alain LeRoy Locke (1886-1954), qui l'emploie en titre de son anthologie consacrée à la renaissance américaine noire, en 1925, d'un mouvement social et littéraire né à Harlem dans les années 1920, se vouant à la reconnaissance de la civilisation négro-africaine, aliénée par la culture dominante. Plusieurs des membres de ce mouvement furent actifs en Europe, à l'image de Claude Mac Kay, l'auteur de *Banjo*. Ils influencèrent considérablement les jeunes théoriciens parisiens, africains ou antillais, de la négritude, en premier lieu Senghor et ses proches.

4 Deux poèmes de Senghor ont été publiés dans la livraison des *Cahiers du Sud* de mars 1938 : «À la mort» et «Nuit du Sine».

2. Jean Ballard à Léopold Sédar Senghor

Marseille, le 18 mars 1938

Monsieur Léopold-Sédar Senghor
89 *bis*, boulevard Heurteloup
Tours (Indre-et-Loire)

Cher Senghor,

Depuis votre passage j'ai été très bousculé : organisation d'un banquet, une correspondance folle, aménagement de mon *home*, etc. J'y vois enfin un peu plus clair.

Croyez que nous gardons de votre passage le souvenir le plus délicat. Nous avons été heureux d'entrer en relation avec un poète véritable, un homme vivant. Quelle magnifique édification vous êtes pour le racisme absurde !

Je vous remercie, mon cher Ami, pour les démarches que vous faites à Tours, et l'intention que vous avez de prospecter en notre faveur. Ce sont là des choses qui nous touchent beaucoup, les *Cahiers* n'ayant qu'un souci : de rayonner, gagner des lecteurs qui deviennent ensuite des propagandistes.

Je ne suis pas moins touché par l'intérêt que vous témoignez à mon projet de numéro « nègre ». Je ne vous ai pas dit qu'une chose en l'air, j'y tiens beaucoup, et une lettre d'Achille reçue avant-hier par Bertin, doublant un télégramme de lui pour notre banquet, m'y a encouragé plus fortement. Cela pourrait être un des efforts les plus originaux que les *Cahiers* aient tenté, et d'une influence si bienfaisante.

Je vous laisse donc à vos recherches, à vos sondages, à cet essai de charpente que je vous ai demandé, quand vous aurez une documentation importante faites-la-moi tenir.

Bien entendu, nous serons toujours heureux de lire les nouveaux poèmes que vous aurez finis. Gros, Bertin et moi[1] n'avons pour votre œuvre que sincère considération.

Tout le monde se rappelle à votre souvenir amical, et vous prie de croire à nos plus affectueuses pensées.

[*Jean Ballard*]

P.-S. Au moment de signer ce mot, je reçois votre deuxième lettre, et l'avant-projet que vous me soumettez y témoigne d'une compréhension exacte de nos désirs.

Au premier abord, j'ai jugé le nombre des articles insuffisants mais à la réflexion je vois ce que vous entendez par des textes substantiels. Il n'est pas défendu d'ailleurs d'en subdiviser un ou deux. S'en tiendrait-on à ce plan, s'il était convenablement réalisé, qu'on aurait un numéro de premier ordre.

Vous pourriez, il me semble, si ce n'est pas abuser de votre obligeance, communiquer ce plan à Achille et à votre ami Locke de manière à recueillir d'autres avis, et si possible l'enrichissement de la matière.

D'ailleurs ce numéro devra être complété par des textes originaux et, pour ma part, j'envisagerais volontiers de reproduire les plus beaux des poèmes de James Weldon Johnson[2], de façon à illustrer un peu la partie critique dans les plus belles créations du genre noir.

Merci en tout cas de votre effort. C'est le moment d'agir, la lettre reçue d'Achille prouve qu'il a son attention braquée sur nous. Profitons de ce mouvement et de cet entrain.

1 Il s'agit, en somme, du noyau dur de la rédaction des *Cahiers du Sud* dans les années 1930. Le poète et critique Léon-Gabriel Gros (1905-1985) y contribue dès 1924 et en devient l'un des principaux chroniqueurs, aux côtés d'André Gaillard, le promoteur des surréalistes. Il partage avec Jean Ballard et Gabriel Bertin la rédaction en chef de la revue durant la guerre. À la mort de Bertin, en 1945, Jean Tortel rejoint Gros à ce poste.

2 Poète et romancier noir américain (1871-1938).

3. Léopold Sédar Senghor à Jean Ballard

89 *bis*, boulevard Heurteloup
Tours
15 septembre 1938

Cher Ballard,

Je vous remercie de m'avoir fait envoyer deux numéros d'août-septembre. Il est très bien conçu, et je pense, d'autre part, que Frobenius est – était – le plus grand africanisant de nos jours[1]. C'est merveille comment les Allemands, plus que d'autres, pénètrent dans l'ombre de l'âme nègre. C'est probablement que les mystiques seuls comprennent les mystiques. Et pourtant quelle rigueur scientifique en même temps. Étranges, ces Allemands, et admirables – malgré le nazisme.

Justement Westermann[2] est un Allemand. Il est professeur de langues africaines à l'Université de Berlin et directeur de l'Institut international des langues et civilisations africaines. Il a publié l'an dernier un ouvrage fort intéressant intitulé *Noirs et Blancs en Afrique*[3].

Je quitte Tours le 17. Comme je ne puis emménager que le 15 octobre, vous devinez tous les tracas dont je vais être la victime : un bon mois de perdu.

Oui, je profiterai de mon séjour à Paris pour poursuivre mes études africaines tout en me tenant au courant de la vie littéraire en France. Je compte voir Taladoire[4] régulièrement aux réunions des *Cahiers du Sud*. Beaufils[5] également.

Vous ne m'avez pas dit si les deux notes que je vous ai envoyées sur Maran[6] et Damas vous agréaient. Peut-être les avez-vous trouvées trop « universitaires » ; à moins que leur non-publication tienne tout simplement aux limites des quatre-vingts pages que vous vous êtes imposées pour la revue. Ce n'est pas que j'aie un amour-propre d'auteur – ce serait bien tôt ! Mais Maran et Damas en auraient été heureux. En tous cas, vous ferez comme vous l'entendrez.

Croyez-nous vôtre, amicalement

Senghor

Adresse : Lycée des Garçons, à Saint-Maur (Seine)

1 Il s'agit du numéro des *Cahiers du Sud* consacré à « Leo Frobenius et la littérature éthiopique », auquel avait contribué Marcel Griaule et la traductrice Emma Cabire, et non, comme Ballard le souhaitait, Roger Caillois et Michel Leiris. La lecture des écrits de Frobenius, et particulièrement de son *Histoire de la civilisation africaine*, a beaucoup marqué Senghor (qui a suivi des cours d'ethnologie à l'École pratique des hautes études et à l'Institut d'ethnologie de Paris) et ses proches : « *J'ai encore devant moi, en ma possession, l'exemplaire* [...] *à la troisième page de laquelle, après la couverture, Césaire a inscrit : "Décembre 1936"* » (L. S. Senghor, « Les Leçons de Frobenius », introduction à *Leo Frobenius 1873-1973. Une anthologie*, Wiesbaden, Franz Steiner Verlag, 1974, p. VII ; repris dans *Liberté*, III, *op. cit.*, p. 398).

2 Le linguiste et africaniste allemand Dietrich Westermann (1875-1956).

3 Payot, 1937.

4 Le Toulonnais Barthélemy Antonin Taladoire, né en 1907, dramaturge et universitaire, spécialiste de Mistral et des Félibres, était l'un des représentants de Jean Ballard à Paris.

5 Le grand musicologue et germaniste Marcel Beaufils (1919-1985), professeur d'esthétique musicale au Conservatoire de Paris. Il publiera notamment *Christ noir* en 1946 à Lausanne, recueil de poèmes d'après les poètes noirs Joseph Cotter, Countee Cullen, des *spirituals* et des chansons populaires anciennes.

6 Senghor fréquente René Maran, Prix Goncourt 1921, peu de temps après son arrivée à Paris, notamment dans l'entourage de Paulette Nardal.

82. Senghor parmi ses collègues du lycée des garçons de Saint-Maur-des-Fossés, 1939.

4. Léopold Sédar Senghor à Jean Ballard

Paris, 2 janvier 1939
8, rue Lamblardie
12e

Cher Ballard,

Comme je vous l'avais annoncé dans ma dernière lettre, je comptais voir Taladoire très régulièrement, un contretemps s'est produit au dernier moment. Je le regrette, car j'aurais voulu le mettre au courant de la tâche que vous m'avez confiée et lui dire, de mois en mois, où j'en étais.

Mais c'est encore mieux de vous écrire. J'ai reçu le premier article de notre numéro spécial : celui du docteur Price-Mars[1] sur la « littérature haïtienne », quatorze pages dans lesquelles il faudra probablement faire des coupures. Il me semble par ailleurs assez intéressant. Cependant, comme je le craignais, il s'est placé à un point de vue plus historique que critique : à un point de vue plus haïtien que nègre.

Faut-il vous envoyer l'article ? Price-Mars serait heureux, d'autre part, d'établir un service éventuel d'échange entre les *Cahiers du Sud* et sa *Revue d'histoire et de géographie d'Haïti.* Il m'annonçait, il y a un mois, l'envoi de deux numéros spécimens, que je n'ai pas encore reçus.

J'attends toujours les autres articles. J'ai vu Beaufils, j'ai vu Damas, j'ai vu Maran. Il s'agit de savoir presser les gens et attendre patiemment. Je vous le répète : j'ai bon espoir.

Je viens d'adresser un très long article d'une trentaine de pages dactylographiées pour les cahiers *Présences* de Daniel-Rops[2]. Il prépare en effet un numéro sur les « Peuples de couleur », et il m'a demandé d'écrire sur les apports dont les Nègres peuvent enrichir un humanisme nouveau. Mon article pour les *Cahiers du Sud* reprendra la question sous l'angle littéraire, uniquement.

Je n'ai pas reçu le dernier numéro de notre revue, celui où ma note sur Maran est parue (on me l'a signalée). Je serais heureux que l'on pût réparer l'erreur.

Veuillez recevoir, cher Ballard, avec l'assurance renouvelée de mon dévouement, mes meilleurs vœux de bonne année, pour vous et vos amis des *Cahiers*.

Senghor

1 Le docteur Jean Price-Mars (1876-1969), ethnologue et homme politique haïtien, avait suivi des études de médecine et de sciences humaines et sociales à Paris. Son ouvrage *Ainsi parla l'oncle* avait paru en 1928, écrit en français, qui abordait les fondements historiques et folkloriques de la culture haïtienne, en mettant en valeur le double héritage français et africain. Fréquentant le salon parisien de Paulette Nardal dans les années 1930, il se lia avec les autres intellectuels de la diaspora africaine et des écrivains de la « Harlem renaissance ». Il allait fonder en 1941 à Port-au-Prince un Institut d'ethnologie, où il occuperait les chaires de sociologie et d'africologie et présida en 1956 le premier Congrès des écrivains et artistes noirs à Paris.

2 « Ce que l'homme noir apporte », texte publié dans l'ouvrage collectif *L'Homme de couleur* (Plon, achevé d'imprimer du 22 mai 1939), en sa seconde partie intitulée « Vers une harmonie ». Il côtoie des contributions de René Grousset, Price-Mars, André Gide… Henri Daniel-Rops (de son vrai nom Henri Petiot, 1901-1965), lui-même agrégé et enseignant à Paris, romancier et essayiste d'inspiration catholique, était jusqu'alors associé à Denis de Rougemont et Robert Aron dans la rédaction de la revue *Ordre nouveau*. Il venait d'accepter la proposition des Éditions Plon d'assurer la direction de la collection « Présences », consacrée à des sujets d'ordre économique, littéraire ou politique. Ce n'est qu'après la guerre que Daniel-Rops entamera sa monumentale histoire de l'Église.

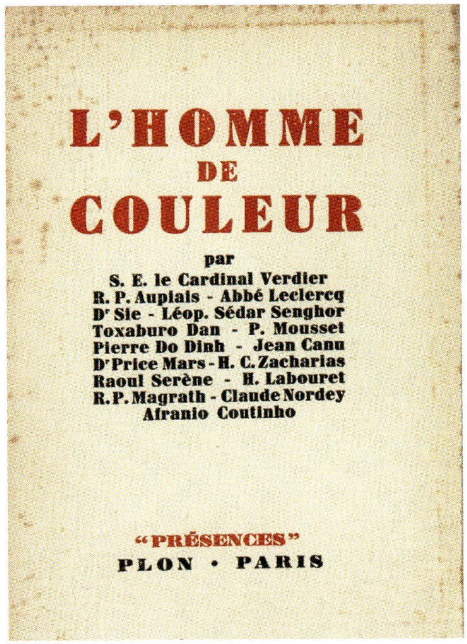

83. *L'Homme de couleur*, Plon, mai 1939. Édition originale.

5. Jean Ballard à Léopold Sédar Senghor

Marseille, le 5 janvier 1939

Monsieur Léopold-Sédar Senghor
Rue Lamblardie, 8
Paris (12e)

Mon cher Senghor,

Votre lettre me fait le plus grand plaisir. J'étais sur le point d'alerter vos amis pour retrouver votre trace, car en signalant l'absence des *Cahiers* ces temps derniers, vous paraissez oublier que vous ne m'aviez pas fait connaître votre nouvelle résidence. Je voulais, de mon côté, savoir où nous en étions pour notre numéro « Les Nègres ».

J'ai reçu l'article de Hardy[1] sur « L'Art nègre ». Il n'est pas mal, bien qu'écrit un peu hâtivement, mais j'espère que nous n'en resterons pas là, car avec le vôtre, celui de Price-Mars, cela n'en ferait que trois. Il faut relancer tous vos autres copains, Achille en premier.

Je regrette un peu que vou s ayez donné cet article aux *Présences* de Daniel-Rops, tout en vous félicitant qu'on ait reconnu votre valeur et qu'on y ait fait appel. Mais mon ennui vient de ce que votre texte des *Cahiers* sera défloré. Ne pourriez-vous pas choisir deux incidences ne créant aucune interférence ? Comprenez mon souci : je ne voudrais pas qu'un article ait l'air d'être la décantation de l'autre. L'ennuyeux, c'est que le cahier spécial de Rops traite au fond, sur un plan plus général : celui des peuples de couleurs (j'imagine qu'il pense aux jaunes, aux négroïdes, aux Mahoris, aux Hovas…), le même thème que nous voulons développer : les valeurs de culture que ces peuples peuvent intégrer à un humanisme nouveau. N'est-ce pas ce que nous voulons faire pour les Noirs ?

Voyez-vous, ami Senghor, il faut nous

débrouiller dans le secteur ethnique que nous avons choisi, de faire mieux, plus fort, avec un accent plus actuel, plus authentique. Je connais Rops, c'est un amateur de tours d'horizon, un dilettante de synthèse qui joue avec les idées, mais je ne sais dans quelle mesure il peut les étreindre et les épouser. Le connaissez-vous ?

Poussez donc hardiment votre quête et n'en faites bénéficier personne. Croyez qu'il vaut mieux un ensemble comme notre *Cahier*, parfaitement réussi, que plusieurs efforts émiettant les disponibilités d'une question et, par conséquent, affaiblissant sa portée.

Je vous ai envoyé le dernier numéro des *Cahiers*, je pense qu'il vous plaira car son sommaire est exceptionnel. Dorénavant vous les recevrez régulièrement à votre adresse.

Je vous adresse les vœux de l'équipe et les souhaits que je forme plus particulièrement pour votre réussite.

[*Jean Ballard*]

1 L'historien et géographe Georges Hardy (1884-1972), ancien directeur de l'École coloniale (1926-1932) et recteur de l'académie d'Alger (1932-1937), spécialiste de l'Histoire coloniale, avait fait paraître en 1927 chez Henri Laurens un ouvrage intitulé *L'Art nègre*.

6. Léopold Sédar Senghor à Jean Ballard

Paris, 31 janvier 1939
8, rue Lamblardie
(12e)

Mon cher Ballard,

Je n'ai pas répondu tout de suite à votre si cordiale lettre du 5 janvier. Je voulais relancer quelques collaborateurs et vous dire les résultats de ma démarche.

Je reste toujours optimiste. J'ai revu Maran, Delavignette[1], Beaufils. L'article que Beaufils m'a lu est tout à fait remarquable : il vous plaira. Maran et Delavignette m'ont donné une promesse ferme pour les environs de Pâques. Je n'ai pu rencontrer Mme Sauvageot, du Musée Guimet. Je me suis donc adressé à Schaeffner[2] (est-ce l'orthographe ?), chef de la section de Musicologie au Musée de l'Homme pour l'article sur la « Musique négro-africaine ». Lui aussi m'a promis un article pour avril-mai. Il ne me reste plus qu'à secouer de nouveau Achille et les Américains.

Pour moi personnellement, l'article que j'ai donné à Daniel-Rops est trop général, c'est un « tour d'horizon » pour parler comme vous. Ce que j'ai l'intention d'écrire pour vous serait tout autre. Je voudrais serrer le problème et l'approfondir sur un point très particulier. Vous jugerez.

Dès qu'il y aura du nouveau, je vous en aviserai comme d'habitude.

Peut-être irai-je à Marseille à Pâques. Cela dépendra des événements et de ma santé.

Croyez, cher Ballard, à mes sentiments très dévoués.

Léopold Sédar Senghor

1 Robert Delavignette (1897-1976) était l'auteur, très apprécié de Senghor, de *Soudan, Paris, Bourgogne* (Grasset, 1935, « Les Écrits »). Directeur de cabinet de Marius Moutet, ministre de la France d'Outre-Mer du Front populaire, il fut nommé directeur de l'École coloniale puis de l'École nationale de la France d'Outre-Mer, où il recruta Senghor en 1944.

2 L'ethnomusicologue André Schaeffner (1895-1980), auteur en 1926 d'un ouvrage précurseur sur le jazz et ses origines négro-africaines, et dix ans plus tard, chez Payot, d'une *Introduction ethnologique à l'histoire de la musique instrumentale*. Associé à la rénovation du Musée d'ethnographie du Trocadéro (création d'un département d'organologie), il prit part à la mission Dakar-Djibouti en 1932 et créa à son retour la phonothèque du Musée d'ethnographie du Trocadéro, devenu en 1937 Musée de l'Homme. Il y assura la direction du département d'ethnologie musicale.

7. Léopold Sédar Senghor à Jean Ballard

8, rue Lamblardie
(12e)

Mon cher Ballard,

Aussitôt reçue votre lettre du 5 février, j'ai adressé un mot à Roger Bastide[1] à Versailles. Je lui proposais d'aller le voir à Versailles à moins qu'il ne préférât passer chez moi s'il lui arrivait de venir à Paris. Je désirais, en effet, continuais-je, m'entretenir avec lui sur ce qu'il pourrait nous donner, Monsieur V.B. [...] ayant déjà accepté de nous écrire un article sur « la littérature nègre au Brésil ». Je n'ai reçu aucune réponse.

Je comptais, vous ai-je dit dans ma dernière lettre, passer à Marseille pendant les vacances de Pâques. Malheureusement je ne le pourrai pas, des affaires de famille m'obligeant à rester à Paris. C'est pourquoi je vous envoie ci-joint l'article de Price-Mars et celui de Beaufils dont je vous ai déjà parlé.

Comme vous le voyez, Beaufils parle du « jazz-hot ». Schaeffner, lui, étudiera la « musique négro-africaine ». Justement, Delavignette, Maran et Schaeffner devaient écrire leur étude au mois d'avril. Je vais le leur rappeler. Quant à Achille, je crois qu'il va falloir lui envoyer ma troisième lettre depuis Noël. Je finirai bien par obtenir ce que je veux.

Croyez, mon cher Ballard, à mes sentiments cordiaux et dévoués.

Senghor

P.-S. Mes félicitations pour les *Cahiers du Sud* : ils sont de plus en plus intéressants. Damas m'en faisait la remarque hier. Je compte bien vous donner quelques comptes rendus de livres à partir de juin, après mes examens d'ethnologie.

Veuillez excuser mon écriture : je me suis beaucoup appliqué aujourd'hui.

1 L'anthropologue Roger Bastide (1898-1974), qui avait déjà publié ses *Problèmes de la vie mystique* et ses *Éléments de sociologie religieuse*, occupait depuis 1938 une chaire de sociologie à São Paulo, au Brésil. Il collaborait depuis quelques années aux *Cahiers du Sud*. Sur la pensée de cet universitaire brillant et prolifique, voir notamment L.S. Senghor, « Roger Bastide, sourcier et sorcier de la négritude », 9 mars 1972 ; dans *Liberté*, III, *op. cit.*, p. 316-319.

8. Jean Ballard à Léopold Sédar Senghor

Marseille, le 20 mai 1939

Monsieur Léopold-Sédar Senghor
Rue Lamblardie, 8
Paris (12e)

Mon cher Senghor,

Vous n'avez pas daté votre lettre et cela est fort heureux, car vous atténuez par là beaucoup mes remords. J'ignore en effet quel laps de temps s'est écoulé depuis votre dernier appel.

Dans l'intervalle, j'ai voyagé, fait face à divers travaux, et cela dans une atmosphère qui ne rendait rien plus facile et vous a certainement oppressé comme moi. On peut tout de même penser au lendemain avec un peu de sérénité et envisager à nouveau les longs espoirs et les projets sérieux.

J'ai reçu, avec votre lettre, les deux articles que vous y avez joints : celui de Beaufils sur le jazz, et de Price-Mars sur Haïti. Je suis heureux de voir s'amorcer ainsi le numéro spécial, mais, pour être sincère, je vous dirai qu'ils ne m'ont pas enchanté.

Celui de Beaufils est un article à sensations, qui tourne autour du sujet comme une belle farandole. Néanmoins, il fait article de revue. Je l'eusse simplement désiré plus sérieux, plus sobre, et soutenu. Notre ami Belpeer, qui a entendu Beaufils, ne lui fait pas grande confiance.

L'autre est un article un peu hors d'œuvre ; ne vous paraît-il pas que le sujet y est escamoté ? Car, si j'en crois notre propos initial, il s'agit bien de présenter la littérature des noirs et non pas l'assimilation plus ou moins curieuse que certains groupes de noirs ont pu faire de la langue française. Je crois qu'il faut aller plus loin et être plus exigeant.

J'attends beaucoup des articles de vous, d'Achille, de Delavignette et Maran. Seulement, il faut les faire écrire et cela m'a l'air d'une opération aussi laborieuse que d'obtenir la collaboration d'un musulman. Ma femme me suggère que vous devriez peut-être faire appel à la sorcellerie vaudoue !

Enfin je ne m'inquiète nullement des résultats. Je sais que vous mènerez l'entreprise à bonne fin, car votre goût est très sûr, et votre sens critique suffisamment aiguisé pour ne pas vous en tenir, en ce qui concerne une question pour vous essentielle, à des textes approximatifs. Il s'agit, avec ce numéro, d'exalter les valeurs de civilisation des noirs et non pas d'en donner une idée médiocre. Vous y tenez certainement plus que moi.

Je vous remercie de vos compliments à l'égard des *Cahiers*. Je suis ravi qu'ils soient en progrès ; nous essayons évidemment de réagir contre une certaine léthargie qui frappe les activités gratuites de l'esprit, tandis que fleurissent les genres impurs sur l'actuelle décomposition des idéaux de l'Occident.

Donnez le bonjour à Damas, pour qui j'ai gardé beaucoup de sympathie, et soyez remercié d'avoir soigné votre écriture. C'est un fait que j'ai pu lire votre lettre sans accrocs.

À bientôt de vos nouvelles et croyez à l'assurance de mes sentiments très cordiaux.

[*Jean Ballard*]

9. Léopold Sédar Senghor à Jean Ballard

Paris, 15 février 1940

Cher Ballard,

Je voulais vous écrire depuis quelque temps déjà quand j'ai reçu, avant-hier, le premier numéro des *Cahiers du Sud* depuis la guerre.

J'étais près de Toulon à la fin d'août. Comme je vous l'avais annoncé, je comptais passer à Marseille avant de rentrer à Paris. Vous devinez que les événements ne m'ont pas permis de m'arrêter à Marseille.

Mobilisé à Rochefort, je ne tardai pas à être réformé pour trachome[1]. Revenu à Paris, j'ai repris mon service, tout en soignant mes yeux.

Quant au « Numéro nègre », je vous avoue que je désespère de le voir jamais publié. Le peu d'empressement que j'ai rencontré – surtout chez mes congénères – a fini par me décourager. Je n'ai rien pu obtenir jusqu'ici ni de Maran ni de Damas ni des Américains. Dans ces conditions, je crois inutile de poursuivre mon effort. Je serais heureux d'avoir votre avis là-dessus.

Croyez en tout cas que je n'en reste pas moins fidèle aux *Cahiers du Sud* et que je suis disposé à faire pour eux tout ce qui ne dépendra que de moi.

Amitiés dévouées de

L. Senghor

1 Conjonctivite d'origine virale, endémique dans certains pays chauds, pouvant entraîner la cécité.

10. Léopold Sédar Senghor à Jean Ballard

Paris, 27 janvier 1944
8, rue Lamblardie (12e)

Cher Ballard,

Je vous écris après un long, un trop long silence, je le sens. C'est que j'ai été prisonnier pendant deux ans, et dans des camps d'« indigènes ». Après ma libération – pour maladie –, la réacclimatation a été assez pénible, moralement surtout.

J'ai souvent pensé à vous et à votre revue pendant ma captivité, mais on ne pouvait écrire qu'à ses parents et il était en fait presque impossible d'avoir des revues. À ma libération, j'ai été chez Corti[1] qui m'a appris que les revues de la zone Sud ne pouvaient franchir la ligne de démarcation. Je n'ai pas renoncé cependant à me réabonner.

Je vous envoie donc 100 francs par chèque postal. C'est le prix que j'ai lu dans un numéro des *Cahiers du Sud* daté de 1942. Si le prix de l'abonnement avait augmenté – ce qui serait normal –, vous me feriez prévenir. La revue devra être adressée à un de mes collègues de Marseille dont voici l'adresse : *Robert Pujol*[2]*, 27 rue l'Abbé de l'Épée, à Marseille.*

J'ai donc pu avoir entre les mains quelques numéros de la revue ainsi que votre numéro spécial sur l'Inde. J'ai été heureux de constater que les *Cahiers du Sud* avaient prospéré et qu'elle était actuellement la première revue littéraire en France. On me l'avait d'ailleurs écrit quand j'étais en captivité.

Ce que je deviens ? Je suis toujours professeur au lycée Marcellin-Berthelot. Pendant ma captivité, il m'a été impossible d'écrire un seul poème sauf à l'hôpital car j'étais soldat de deuxième classe dans un camp d'« indigènes » ; c'est-à-dire que je ne pouvais jamais être seul et me recueillir : c'était un véritable supplice moral. J'en étais réduit à travailler uniquement à ma thèse de linguistique sur les langues sénégalaises. Encore ne pouvais-je le faire qu'à mes heures de loisirs, qui étaient rares.

Depuis ma libération, je me suis remis à écrire. Mon premier recueil de poèmes doit paraître aux Éditions du Seuil, probablement au printemps. Il sera intitulé *Chants d'ombre*. J'ai la matière d'un second qui ne paraîtra qu'après la guerre. Il aura pour titre *Hosties noires*[3].

Si je passe par Marseille, je ne manquerai pas de vous rendre visite. Hélas ! pour quand sera-ce ?

En attendant, je me réjouis à l'idée de pouvoir de nouveau lire chaque mois les *Cahiers du Sud*. Croyez, cher Ballard, à mes sentiments fidèles.

L.S. Senghor

1 José Corti est depuis 1927 le dépositaire exclusif et l'agent général des *Cahiers du Sud*, moyenannt une remise de 40 % sur les ventes et deux pages de publicité gratuite dans chaque livraison. Il assure cette fonction jusqu'en 1945. Ses efforts pour attirer Ballard à Paris resteront vains.

2 Robert Pujol avait été le meilleur ami de Senghor à la Cité universitaire au début des années 1930 ; il était également proche de Pompidou.

3 *Hosties noires* paraît également au Seuil, en 1948, trois ans après *Chants d'ombre*.

11. Jean Ballard à Léopold Sédar Senghor

Marseille, le 4 février 1944

Monsieur Léopold-Sédar Senghor
8, rue Lamblardie
Paris (12e)

Cher Senghor,

Je suis très heureux d'avoir de vos nouvelles. Il arrive souvent que l'on fasse des recensions d'amis aux *Cahiers du Sud* et votre nom a été fréquemment prononcé. Et puis, comment oublier l'effort avorté de votre numéro noir auquel il ne faut plus penser de quelque temps. Mais nous reprendrons un jour notre projet, je l'espère, quand nous aurons sous la main tous les éléments voulus.

Oui, vous avez dû souffrir beaucoup en captivité. En plus des tourments de tous ordres que subissent les prisonniers, se sont ajoutés certainement ceux de votre cas particulier, cas racial si j'ose dire, cas social sur un autre plan, car la différence des classes a dû être encore plus sensible pour vous qui avez fait, par rapport à vos origines, un décrochage impressionnant. J'imagine ce qu'a dû être pour vous le contact de toute cette humanité – je ne dis pas primaire, ce ne serait pas grave – mais dégradée. Dégradée par les privations et la promiscuité.

Vous voilà sauvé maintenant et réintégré dans l'enseignement. Désormais le climat est retrouvé. Je suis heureux d'apprendre que vous vous êtes remis à écrire. Le titre de *L'Hostie noire* me paraît bien suggestif.

Merci de vous préoccuper des *Cahiers*. Leur activité n'a pas cessé malgré bien des aléas et des difficultés matérielles immenses qui s'aggravent sans cesse[108]. Pour l'instant nous tenons le coup et j'espère parvenir au port dont nous séparent encore quelques encablures.

Merci de vous abonner. Je vous adresse donc les numéros chez M. Robert Pujol, 27, rue Abbé de l'Épée, Marseille. Le prix en effet a augmenté; il est de 165 francs, mais arrondissons-le pour vous à 150.

Venir à Marseille? Vous y serez le bienvenu. Mais vous trouverez notre ville changée. En tout cas, je pense que nous pouvons prévoir une rencontre moins lointaine et je me dis bien cordialement votre

[*Jean Ballard*]

1 Les *Cahiers* avaient souffert pendant la guerre de la perte de nombreux annonceurs – Ballard déplorant en 1942 la « *disparition du champ publicitaire* » – et du ralentissement de sa diffusion. L'aide publique sauva la revue. Ballard, qui avait abandonné son activité de peseur-juré au port de Marseille, se consacrait alors entièrement à l'administration des *Cahiers*. Il ne cessera dès lors, jusqu'à leur disparition, de solliciter toutes sortes d'aides en s'appuyant sur un vaste réseau de connaissances locales et nationales.

12. Léopold Sédar Senghor à Jean Ballard

Paris, 7 février 1944

Cher Ballard,

Je m'empresse de répondre à votre lettre du 4 février. Croyez que j'y ai été très sensible.

Je vous envoie par le même courrier un chèque de 65 francs pour compléter un abonnement.

Oui, il sera intéressant, après la guerre, de reprendre notre projet de numéro spécial sur les Noirs. Savez-vous que je n'y ai jamais renoncé tout à fait? Je compte aller passer un an en Afrique Noire dès que les communications seront rétablies

– pour compléter mon enquête sur la poésie sénégalaise[1]. À mon avis, le projet sera d'autant plus facilement réalisable que nous disposerons d'un plus grand nombre d'intellectuels africains et antillais capables de nous apporter quelque chose d'authentique et de pensé.

Mais nous nous reverrons bien d'ici là et aurons l'occasion d'en parler plus longuement et à loisir.

Je me rappelle au bon souvenir de Léon-Gabriel Gros et de Bertin. Croyez surtout aux sentiments dévoués avec lesquels je reste votre

L. Sédar Senghor

1 En août, Senghor bénéficie d'une bourse du CNRS pour pousser son enquête sur la poésie sérère ; il se rend au Sénégal.

13. Léopold Sédar Senghor à Jean Ballard

Dakar, 18 septembre 1945

Cher Ballard,

Je viens de parcourir la brousse sénégalaise pendant un mois pour une enquête sur la poésie orale, ce qui m'a permis de recueillir une centaine de chants.

Je devais repartir dans une semaine, mais j'ai cédé aux sollicitations de mes compatriotes et je vais poser une candidature pour les élections du 21 octobre[1].

Ne pensez pas que je vous oublie. Il y a quelques revues chez les libraires de Dakar et je pense que les *Cahiers du Sud* trouveraient audience auprès des associations culturelles des jeunes auxquelles je vais la recommander.

Vu Monod[2] pour notre numéro spécial. Nous pouvons compter sur sa collaboration.

C'est que je ne renonce pas du tout à la linguistique et aux lettres pour la politique. Mais je pense que les problèmes qui vont être discutés à la Constituante sont si importants que tout ce que l'Empire compte de meilleur doit y être présent.

Je pense passer à Marseille en novembre. En attendant, rappelez-moi au bon souvenir des amis des *Cahiers*,

et croyez à mes sentiments très dévoués

Sédar Senghor

13, rue du Docteur-Thèze
Dakar

P.S. Écrivez à la Librairie Vial à Dakar en lui envoyant un numéro spécimen des *Cahiers*.

1 Senghor sera élu député du Sénégal le 21 octobre 1945, sur la liste du Bloc africain.
2 Théodore Monod (1902-2000), déjà grand connaisseur de l'Afrique, notamment du Sahara algérien, est affecté en 1938 à Dakar pour créer un institut de recherches. Ce sera l'Institut français d'Afrique noire (Ifan), voué à un grand rayonnement international.

14. Jean Ballard à Léopold Sédar Senghor

Le 11 octobre 1945

Monsieur Sédar Senghor
13, rue du Dr. Thèze
Dakar

Cher Ami,

Vous avez bien fait d'accepter la candidature de vos compatriotes ; je vous l'ai dit à votre passage : il faut que toutes les parties de l'Empire français soient représentées par des esprits qui aient une notion juste de la tradition et du devenir français.

Je vous remercie d'avoir alerté M. Théodore Monod du Musée d'Ethnographie de Dakar. Mais ne vaut-il pas mieux qu'une simple collaboration ? Ne pourrait-on pas lui confier tout un secteur du numéro ? Il a le sens du plaisant et de l'utile.

Pour la diffusion des *Cahiers* au Sénégal, je considère que c'est chose faite puisque j'ai traité avec Hachette. Ce qu'il faut, c'est que vos compatriotes et les esprits éminents des jeunes associations culturelles en fassent la demande au représentant d'Hachette à Dakar, lui prouvant ainsi que la Revue est connue, estimée. Il sera certainement heureux de la leur fournir. Et c'est ainsi que j'envisage l'élargissement de ma diffusion en France lointaine.

La Librairie Vial, par exemple, peut faire la demande à Hachette.

Nous serons très heureux de vous voir en novembre. Croyez au bon souvenir de tous les amis des *Cahiers*. Cordialement vôtre

[*Jean Ballard*]

15. Jean Lartigue[1] à Léopold Sédar Senghor

Le 15 mars 1946

Monsieur Léopold-Sédar Senghor
8, rue Lamblardie
Paris (12e)

Monsieur,

Les *Cahiers du Sud* préparent, pour leur prochain numéro, un fronton[2] consacré au folklore et à la littérature nègres, fronton qui s'intitulera vraisemblablement : « Sang noir ».

Nous voudrions y donner à la fois des textes et de la critique, aussi bien pour ce qui est des noirs d'Afrique que pour ceux d'Amérique.

Nous serions très heureux que vous vouliez bien nous accorder votre collaboration, sous la forme que vous préférerez. Il va de soi que nous aimerions avoir un ou plusieurs poèmes de vous. Peut-être pourriez-vous également nous procurer des poèmes du folklore. Enfin, si une étude sur la littérature africaine en général – ou sur tel ou tel point particulier – vous intéressait, nous l'accueillerions volontiers.

Nous désirerions recevoir tous les textes destinés à ce numéro avant la fin du mois d'avril. J'espère que ce délai ne sera pas trop court pour vous, et vous demande de bien vouloir, de toute façon, nous fixer aussi rapidement que possible.

Dans l'attente de votre réponse, croyez, Monsieur, à l'assurance de mes sentiments les meilleurs.

Jean Lartigue
Secrétaire de la rédaction

1 Jean Lartigue, rédacteur à la préfecture de Marseille, est secrétaire de rédaction de la revue à partir de 1946, prenant la suite de Félix Gattegno.

2 Cette pratique du fronton est caractéristique des *Cahiers du Sud* de l'après-guerre ; inaugurée à partir du numéro 270, et se prolongeant jusqu'à la fermeture des *Cahiers* en 1966, elle consiste à réserver à un auteur ou à une thématique une étude de vingt à cinquante pages, suivie de textes de création et d'essais divers, l'ensemble précédant les chroniques habituelles. Ces frontons, réalisés avec le concours de spécialistes et d'universitaires, structurent les sommaires des *Cahiers* et donnent l'image d'un dialogue réussi entre pratiques créatrice et réflexive. Le fronton « Le Sang noir », l'un des tout premiers de la revue, puisqu'il ouvre la livraison 279, sera confié à Léopold Sédar Senghor.

16. Jean Ballard à Léopold Sédar Senghor

30 mai 1955

Monsieur Léopold-Sédar Senghor
Secrétaire d'État à la Présidence du Conseil[1]
2 *bis*, rue Solferino Paris VII

Cher Ministre et Ami,

Je vous remercie de votre excellent accueil et vous confirme les points importants de notre entretien.

Pour pallier la carence de certains secteurs dont les entreprises soutenaient jusqu'ici les *Cahiers du Sud*[2], il n'est pas déraisonnable de penser que la relève pourrait s'effectuer grâce à l'appoint des budgets d'État (monopoles) ou Entreprises nationalisées, tels que :

Bons du Trésor
Loterie nationale
Électricité de France
Gaz de France
Houillères
Régie des Tabacs (SEITA)
Hôtel des Monnaies
Régie Renault

De même, on pourrait solliciter les gouverneurs généraux de l'AOF et de l'AEF, qui ne refuseraient pas de manifester leur sympathie à une revue honorée de votre attention.

Enfin, il n'est pas exclu d'espérer que de grandes industries installées en AOF et dans l'Union française, telle que Huile Lesieur, Grands Moulins de Dakar, voudront par un soutien publicitaire coopérer à une propagande culturelle qui correspond à nos vœux.

Je sais pouvoir compter sur votre appui et sur la confiance que l'on vous fait. J'attends les meilleurs résultats de vos bienveillantes interventions et vous prie de croire, cher Ministre et ami, à mes sentiments de très vive gratitude.

[*Jean Ballard*]

1 Senghor est alors secrétaire d'État dans le gouvernement d'Edgar Faure.

2 Jean Ballard sollicita très tôt des entreprises privées et des fonds publics pour soutenir sa revue, notamment par la voie d'achat d'espaces publicitaires. Il obtint notamment dans l'entre-deux-guerres des subventions des Résidences générales de Tunisie et du Maroc. Le Quai d'Orsay, titulaire de nombreux abonnements, contribuait par sa propagande au financement et au rayonnement international des *Cahiers*. Au milieu des années 1950, Ballard sent que la conjoncture est moins favorable aux PME qui soutenaient traditionnellement son activité, dégradation aggravée par la crise de 1956 touchant le commerce maritime, consécutivement à l'expédition de Suez.

17. Jean Ballard à Léopold Sédar Senghor

Marseille, le 1er juillet 1955

Monsieur Léopold-Sédar Senghor
Secrétaire d'État à la Présidence du Conseil
2 *bis*, rue Solferino
Paris (7e)

Très cher Ministre et Ami,

Quand je vous ai laissé, j'étais soulevé par une houle d'espérance. Mais ce flot n'est pas venu jusqu'à Marseille encore.

Y a-t-il eu quelques échos à vos affectueuses interventions en notre faveur ? Oh qu'il me serait doux de le savoir ! Car le mois de juillet est le passage de la ligne pour les revues, et cela signifie quelquefois plus qu'une douche...

Vous lirai-je bientôt, mon cher Ami ? Croyez-moi très cordialement vôtre

Jean Ballard

18. Léopold Sédar Senghor à Jean Ballard[1]

Assemblée nationale
République française

Paris, le 17 octobre 1957

Monsieur Jean Ballard
Les *Cahiers du Sud*
Marseille

Mon cher Ballard,

Veuillez trouver, ci-joint, deux poèmes pour les *Cahiers du Sud*.

Encore que Léon-Gabriel Gros se dise déconcerté par la nouvelle poésie nègre de langue française, je continue à le considérer comme l'un des meilleurs critiques français[2] – sans parler du poète –, et les *Cahiers du Sud* comme la meilleure revue littéraire française.

Je passe parfois par Marseille, mais c'est toujours pendant les vacances. Je vais reprendre l'habitude de voyager par bateau au moins une fois par an, ce qui me permettra de m'arrêter à Marseille et de venir bavarder avec vous.

Croyez, mon cher Ballard, à l'assurance de mon fidèle souvenir.

Léopold Sédar Senghor
Député du Sénégal

1 En note marginale, manuscrite et paraphée (par Ballard ?) : « *Toujours pareil... À la rigueur le premier (Élégie des Saudades), où il y a au moins une imagerie exotique qui peut faire illusion.* »

2 Léon-Gabriel Gros tient alors une chronique régulière aux *Cahiers*, « Le Témoin poétique ».

19. Léopold Sédar Senghor à Jean Ballard

République du Sénégal
Le Président de la République

Dakar, le 2 février 1962

Monsieur Jean Ballard
10, Cours d'Estienne-d'Orves
Marseille Ier

Mon cher Ami,

La Nouvelle Revue française m'avait demandé un article, qui devait faire partie d'un *Hommage à Saint-John Perse*.

J'ai écrit un long article de quarante pages, double interligne. *La Nouvelle Revue française* me demande de le réduire des deux tiers. Cela m'étant impossible, j'ai demandé à reprendre mon article.

Est-ce que vous pourriez publier cet article ? Dites-le moi très simplement et le plus tôt possible[1].

Veuillez agréer, mon cher Ami, l'assurance de mes sentiments fidèles.

Léopold Sédar Senghor

1 Senghor avait découvert avec émerveillement le poème de Saint-John Perse intitulé *Exil*, publié par les *Cahiers* le 31 août 1942, dans leur numéro daté de mai. L'œuvre ayant d'abord paru dans une petite revue américaine, *Poetry*, en mars de la même année, dans un numéro que le poète avait pris soin de faire parvenir aux *Cahiers*, seule revue d'avant-guerre restée libre. C'est de la lecture de ce poème que date la découverte de Saint-John Perse par Senghor, découverte qui ne fut pas sans influence sur sa conception et sa pratique prosodiques. Ballard, qui ne rencontra Saint-John Perse qu'en 1957, avait sollicité de sa part dès 1945 une participation aux *Cahiers*, envisageant d'ores et déjà de lui consacrer un numéro d'hommage. Saint-John Perse, à son retour en France, lia amitié avec Ballard et accepta de donner quelques textes à la revue ; « Chronique » ouvrait cette collaboration dans le numéro d'octobre 1959, dont le fronton était intitulé : « Saint-John Perse, homme de vigie ».

20. Léopold Sédar Senghor à Jean Ballard

République du Sénégal
Le Président de la République

Dakar, le 14 mai 1962

Monsieur Jean Ballard
Directeur des *Cahiers du Sud*
10, Cours d'Estienne-d'Orves
Marseille

Mon cher Ami,

J'ai bien reçu votre lettre du 9 mai 1962.

Je vous le dis, très franchement, aucun éloge de mon article sur Saint-John Perse ne pouvait m'apporter plus de satisfaction que celui du directeur des *Cahiers du Sud*, auquel je reste toujours fidèle.

Quant à notre ami, Léon-Gabriel Gros, je lui ai adressé une invitation permanente à venir au Sénégal. Il suffit qu'il m'indique la date de son voyage. Je lui enverrai le billet. D'autre part, il sera, à Dakar, logé, nourri, « blanchi », voituré. Qu'il se souvienne seulement que la belle saison, à Dakar, va du *15 novembre au 15 mai.*

Veuillez agréer, mon cher Ami, l'assurance de mes sentiments fidèles.

Léopold Sédar Senghor

21. Jean Ballard à Léopold Sédar Senghor

Marseille, le 11 octobre 1962

Monsieur Léopold-Sédar Senghor
Président de la République
Dakar (Sénégal)

Cher Président et Ami,

J'entends parler de vous dans notre orbe latine et vous dites des choses toujours judicieuses qui trouvent écho parmi nous.

Je viens vous demander s'il n'est pas possible de faire inviter au Congrès de l'IFAN à Dakar, qui revêtira une grande importance, mon ami Pierre Guerre[1], africaniste, esthéticien, assurant aux *Cahiers* une chronique de plus en plus remarquée.

Guerre revient de Salisbury, où a eu lieu en août un Congrès d'Art nègre, et sa communication a fait sensation. Vous en trouverez un prolongement dans la chronique qu'il nous donne (n° 268, sous presse).

Il serait heureux d'être des vôtres et aurait certainement son mot à dire.

Je vous transmets les amitiés de Léon-Gabriel Gros qui n'ose vous écrire car il a mauvaise conscience. Il est très en retard pour ses chroniques et celle qu'il vous destine est en souffrance. Mais vous connaissez les *Cahiers du Sud* et leur train de sénateur !

Un mot de vos services – et mieux encore de vous – nous ravirait.

Croyez à mon souvenir fidèlement cordial.

Jean Ballard

P.-S. Savez-vous que nous touchons à la cinquantième année de la revue ? L'autre jour, chez Saint-John Perse, à Giens, on parlait de célébrer le cinquantenaire[2]. En tout cas, il me disait combien il avait été heureux et particulièrement flatté de votre compréhension dans votre article de *La Table ronde*[3].

1 Pierre Guerre (1910-1978), avocat et essayiste de grande érudition, fut un collaborateur très actif des *Cahiers* après 1945, ami intime de Jean Ballard. Il conçut un très grand nombre des « frontons » de la revue d'après-guerre. Il collabora également à la revue *Critique* et créa la Fondation Saint-John Perse.

2 Cinquantenaire notamment salué par un numéro spécial en septembre 1963 (numéro double, 373-374), auquel contribua Saint-John Perse.

3 L'article de Senghor sur Saint-John Perse, initialement prévu pour Paulhan à *La NRF*, est finalement publié dans la livraison de mai 1962 de *La Table ronde* (« Saint-John Perse ou Poésie du Royaume d'enfance », dans *Liberté*, I, *op. cit.*, p. 334-353).

22. Jean Ballard à Léopold Sédar Senghor

Marseille, le 6 avril 1964

Monsieur Léopold-Sédar Senghor
Président de la République du Sénégal
Palais de la République
Dakar

Cher Président et Ami,

L'an dernier, à l'automne, je vous avais pressenti pour faire inviter les *Cahiers du Sud*, en la personne de Pierre Guerre, au Sénégal. Il s'agissait d'assister à un Congrès de l'IFAN qui, renseignement pris auprès de M. Théodore Monod, n'existait pas. J'avais été mal informé.

Aujourd'hui, Pierre Guerre, qui s'occupe chez nous, vous le savez, du Monde noir sur le plan esthétique et culturel, vient de me dire – et cette fois avec certitude – qu'on prévoit un Festival des arts africains à Dakar pour janvier 1965, et qu'il serait très heureux de s'y trouver.

Comme la décision vous appartient sans aucun doute, je me permets d'insister auprès de vous pour qu'il bénéficie d'une invitation. J'attire votre attention sur les points suivants :

Pierre Guerre poursuit, depuis de longues années, dans les *Cahiers du Sud*, une action remarquée en faveur de la culture et des arts africains. Il a assisté aux assises de Salisbury, en commentant les résultats de la rencontre dans les pages que je vous envoie. S'il vous en souvient, c'est lui qui avait rendu compte de la conférence que vous fîtes à Marseille, au terme de laquelle nous avons pris un pot au sortir du Gymnase.

Maintenant je dois vous parler de Léon-Gabriel Gros. Brusquement, sous l'effet d'une dépression et de manies obsessionnelles, notre vieux camarade s'est éloigné de notre équipe. Au point qu'il n'a même pas assisté à notre cinquantenaire, présenté par Saint-John Perse.

Je ne vois pas du tout Léon-Gabriel Gros (qui n'a d'ailleurs guère de compétence en fait de négritude) représenter notre revue au Festival de Dakar. Nous ne l'avons plus revu. Il n'a jamais donné suite à ma recommandation pressante de parler de vos dernières œuvres, comme de celles de Glissant et de Césaire. C'est finalement Clancier[1] qui s'en charge, et qui prépare une chronique sur ma demande ; vous la lirez dans un de nos prochains sommaires.

Avec Pierre Guerre j'ai la certitude que nous aurons un compte rendu de ces réunions de spécialistes dont il est coutumier. J'ajoute, comme il m'a permis de vous le dire, qu'il est prêt à participer à l'Exposition d'Art nègre de Dakar, qui se tiendra conjointement au Festival, par l'envoi de précieuses pièces de sa collection, qui est une des plus cotées d'Europe.

Ai-je abusé de vos instants ? Sans doute, mais il fallait éclairer la situation, afin que le mieux qualifié soit à la fois l'appelé et l'élu. Vous aviez invité Léon-Gabriel Gros à différentes reprises. En son absence, je vous offre le *right man* qui se propose.

Croyez, cher Poète et Ami, à mes sentiments fidèlement cordiaux.

Jean Ballard

1 Le poète et romancier Georges-Emmanuel Clancier, en relation avec les *Cahiers du Sud* depuis 1938.

23. Léopold Sédar Senghor à Jean Ballard

République du Sénégal
Le Président de la République

Dakar, le 22 avril 1964

Monsieur Jean Ballard
Directeur des *Cahiers du Sud*
10, Cours d'Estienne-d'Orves
Marseille (Ier)

Mon cher Ami,

J'ai été particulièrement heureux de recevoir, avec l'article de Pierre Guerre, votre lettre du 6 avril 1964.

Rassurez-vous, Pierre Guerre sera mon invité personnel au Festival des arts nègres, précédé du Colloque, qui doit avoir lieu en décembre 1965. Je donne les instructions nécessaires pour qu'à temps, un billet lui soit envoyé

Je regrette beaucoup la dépression nerveuse dont est victime notre ami Gros. Il est vrai que je ne me suis jamais expliqué pourquoi Gros ne voulait pas parler de la Poésie nègre de langue française. Dieu sait que j'ai toujours soutenu la liberté d'expression des critiques et que j'ai toujours refusé de corriger les articles ou livres que l'on écrivait sur moi, sauf à redresser des erreurs de dates et de faits.

Croyez, cher Ami, à l'assurance de mes sentiments fidèles.

Léopold Sédar Senghor

Jean Grosjean

Éthiopiques de L.S. Senghor

La Nouvelle Revue française, 1er juin 1956 [1]

Ternaire et binaire tour à tour imprévisiblement, spontané dans l'alternative inéluctable, oui, le mètre de Senghor d'emblée est une connivence avec l'homme vrai, l'homme des grands scolastiques, celui dont le libre arbitre ne joue qu'à l'intérieur du dessin du sol. L'homme, fût-il poète, n'a point la liberté de Dieu, celle seulement d'affronter diversement (les savants le savent) l'empire des lois inflexibles que nos générations d'ancêtres ont plus ou moins bien reconnu à tâtons.

On songe aux chantres grégoriens, c'est vrai, mais ici l'obsession en plus, dès ce troisième verset tout entier binaire avec le jeu du renversement des temps forts, l'emploi de la consonne complexe et la rime saxonne :

Arrière inanes faces de ténèbre à souffle et mufle maléfiques

Dommage peut-être, et plus d'une fois, l'adjectif, mais on sent qu'il les lui faut pour reprendre souffle et nous forcer à l'articulation.

... Proférer le mot explosif teddungal
Teddungal ngal du Fouta-Damga au Cap-Vert !

Finis les zézaiements grecs. Boileau, sur ce point du moins, avait raison : que notre poésie ne supporte pas l'hiatus mais son contraire.

Il serait stupide de parler d'exotisme. Il n'y a plus, à notre époque, d'exotisme possible dans la poésie française (sauf par la maladresse peut-être d'une poésie brute, antérieure à tout art). Toutes les images du monde se sont acclimatées chez nous et Senghor chantant le Congo nous est aussi intime que Rimbaud mimant les routes des Ardennes et beaucoup plus que Musset avec son Italie de convention.

Une poésie antérieure à tout art, ce n'est pas le cas. Cette jeune vision par laquelle le poète est contemporain d'Adam et regarde naître le monde est dominée par la phrase, communiquée par le rythme, contagieuse par les « charmes ». Ses procédés incantatoires, il ne les invente pas tous, mais personne. S'il en emprunte parfois du côté de Saint-John Perse ou de Claudel, on comprend bien pourquoi. On se prend pourtant à regretter, comme chez beaucoup de nos contemporains, une désaffection non des troubadours mais des trouvères (jusqu'à Rutebeuf, jusqu'à Turold). Moins de s'en déprendre, que de ne mesurer pas comme deviennent une pointe de condiment, ces déments qui forgèrent notre langue dans les ténèbres.

Éthiopiques est un beau titre. On pense moins d'ailleurs aux pâles amours de *Théagène et Chariclée* qu'à ce que Frobenius y ajouta. Oui, l'amour tient une grande place chez Senghor, mais il y est souvent plus épique qu'élégiaque et il n'y a pas lieu de s'en plaindre.

Ah ! tu crois que je ne l'ai pas aimée
Ma négresse blonde d'huile de palme à la taille de plume,
Cuisses de loutre en surprise et de neige au Kilimanjaro.

Seins de rizières mûres et de collines d'acacias sous le vent d'est...

C'est Chaka le *Zoulou, le plus-que-peste et feu-roulant de brousse* qui se justifie.

Une basse-cour cacardante, une sourde volière de mangemils, oui!
Oui des cent régiments bien astiqués...
J'ai porté la cognée dans ce bois mort...

Tout ce magnifique dialogue des morts, sur le destin, serait à citer, à réciter.

Il va donc nous quitter! Comme il est noir! C'est l'heure de la solitude...

On ne s'en détache pas.

Ainsi se forment des constellations en Afrique avec une certaine présence arabe dans le ton parfois et jusque dans les mots sémitiques (quand on ne les a pas trop déportés vers les îles). Regarde, Europe, à ta droite, tes frères du Sud, ces *benjamins*, cet immense *Yémen* noir de l'Afrique. Ils ont comme toi reçu des semences du même vent d'est, du même arbre de connaissance de l'Éden, des choses qui se sont dites à Médine, qui s'étaient dites à Solyme, et, avec leur cœur à eux, regarde ce qu'ils en ont fait. Tu n'entendais pas leur langage, mais tu ne peux plus ne pas l'entendre maintenant qu'ils te parlent en français. Écoute leurs joies qui ne sont pas tout à fait les tiennes peut-être, et leurs espoirs qu'ils te doivent un peu, dis-tu, et leurs souffrances qu'ils te doivent aussi en bonne partie sans doute, et cette justice que tu sus quelquefois clamer, l'accent qu'elle prend dans leur voix.

Cette langue française, Europe, tu la connais. Quand tu te barricadais contre les Arabes, les Mongols, les Turcs et d'autres, c'est elle souvent qui parlait avec eux par-dessus tes murettes et t'empêchait d'être une petite fourmilière à l'écart des hommes. Et maintenant ce Cham à l'âme insatiable, ce vrai fils d'Adam et d'Ève, ce curieux de l'origine qui osa regarder l'ivresse nue du père Noé, tu voulais croire qu'il se taisait. Et voilà qu'il sait le français dans ses plus subtils dédales et l'emploie à se faire reconnaître, à la fin.

Dirons-nous à Senghor et à d'autres comme lui ce que nous leur devons en ce jour? Notre langue ne peut plus être l'apanage de l'État français et de quelques groupes (ou, comme un temps, des cours d'Europe); elle devient une grande patrie mentale où dialoguent à hauteur d'homme des nations de toutes couleurs.

1 N° 42, p. 1093-1095.

Alain Bosquet

Les « engagements » de Léopold Sédar Senghor

La Nouvelle Revue française, novembre 1964[1]

La publication, en un volume, de tous les poèmes de Léopold Sédar Senghor, à l'exception des *Chants pour Naëtt*, permet au lecteur de juger un lyrisme que deux facteurs ont singulièrement dénaturé, depuis que le poète est Président du Sénégal : la multiplication des flatteurs de tout calibre, chez nous ; et au sein de la « négritude », le besoin de le présenter comme un exemple héroïque. Peut-être une analyse plus sobre permettra-t-elle de mieux dégager les mérites et les limites de cette poésie. Dès les premiers textes de *Chants d'ombre*, ce contact est établi dans une sorte d'éloquence réaliste et sans grand mystère : nous sommes en présence d'un discours – tantôt Claudel, tantôt Cendrars – qui se veut de constatation, à la manière du grand journalisme chaleureux qui oscille entre l'éloquence un peu trop sonore et la sentimentalité plus nuancée.

Rien n'est secret chez cet homme qui se veut à la fois de la Seine et de la Gambie, de la France et du Sénégal, d'Europe et d'Afrique, au sein d'une belle fraternité qui exclut – ou s'efforce d'exclure – les revendications insensées comme les affres de la conscience. Nous sommes en 1939, et l'on se serre les coudes. Civilisateurs et civilisés – disons : civilisés de vieille date et civilisés plus récents – ont la même cause à défendre. Léopold Sédar Senghor, poète du réel et du tangible, tribun sans méandres, est à cette époque-là précisément un témoin de la conciliation et de l'équilibre. Poétiquement parlant, il fait confiance à une langue française qu'il ne prétend pas pourvoir de rythmes étranges, fussent-ils ceux de son enfance sénégalaise. Dire sa particularité avec les mots français de tous les jours lui semble naturel. Il va droit à la signification la plus cartésienne et à l'efficacité. Il est un homme sincère – un homme politique sincère – qui avoue sa part de culture et ne la regrette pas. Il peut parler chez nous de ses rivages lointains, mais il n'éprouve aucune honte à le faire dans la langue de chez nous, avec des images de chez nous, et des lieux communs de chez nous. Cela est important, lorsqu'on lit sa « Lettre à un poète », adressée à Aimé Césaire, qu'il vient de découvrir, et qui l'effraie un peu par ses avalanches de métaphores grisantes et par ses tam-tams furieux.

Pour l'instant, il a choisi, lui, un bon compromis entre les superstitions de là-bas et les exigences d'ici :

Ô Morts ! défendez les toits de Paris dans la bruine dominicale
Les toits qui protègent mes morts
Que de ma tour dangereusement sûre, je descende dans la rue
Avec mes frères aux yeux bleus
Aux mains dures.

L'évolution est alors très rapide, et on peut la suivre, pratiquement de poème en poème, dans *Chants d'ombre.* Il semble que quelques mois suffisent à Léopold Sedar Senghor pour se persuader que sa poésie doive suivre une orientation déterminée ; en somme, il peut devenir l'aîné des poètes de la « négritude », non point agressive, ni soucieuse de se dissocier d'une syntaxe française séculaire, mais plus héroïquement – mettons plus libéralement – consciente de ses racines, dans une manière de nostalgie calme et douce, sans ostentation et sans hargne. Là est sans doute son originalité profonde.

Pour que cette nostalgie puisse se traduire avec les parfums et les rythmes les plus reconnaissables, il faut changer d'éloquence, et même de respiration. Cette opération s'accomplit, elle aussi, avec célérité. Les vers et les versets se font plus obsédants, plus insistants, avec une variété d'exclamations qui souligne encore les stridences. En même temps, le vocabulaire se souvient des termes locaux : désormais, dans les œuvres de Léopold Sedar Senghor nous rencontrerons, de plus en plus nombreux, ces bizarres vocables, tels que *dyoung-dyoung, mbalakh, ndeudeu, talmbatt.* La couleur locale est recréée, et l'on revient, avec des frissons nouveaux, à la jolie époque où Levet, Larbaud et Fargue défendaient une poésie de noms géographiques et de patronymes exquis.

Les thèmes aussi gagnent en ferveur et en patriotisme : un patriotisme plus sénégalais que sénégalo-français.

Me voici cherchant l'oubli de l'Europe au cœur pastoral du Sine.
[...]
Écoutons battre notre sang sombre, écoutons
Battre le pouls profond de l'Afrique dans la brume des villages perdus.

Une conscience reprend sa dureté, qui se voulait un moment élégiaque et généreuse. Ce qui pouvait passer pour de la nostalgie de bon aloi se transforme lentement en revendication. Il vaut mieux qu'il en soit ainsi : Léopold Sedar Senghor ouvre des chemins solides et résolus à un lyrisme africain conscient de ses horizons et de ses précipices. À l'opposé l'un de l'autre, on assiste alors à l'exploitation, rationnelle et fière, de deux paroxysmes. L'un est prodigue en images tropicales ; l'autre se veut péremptoire dans une suite de mots d'ordre sociaux qui ne s'embarrassent pas d'épanchements inutiles :

Gazelle aux attaches célestes, les perles sont étoiles sur la nuit de ta peau
[...]
J'entends le bruit picotant des termites qui vident mes jambes de leur jeunesse
[...]
J'ai choisi mon peuple noir peinant, mon peuple paysan, toute la race paysanne par le monde
[...]
Lave-moi de toutes mes contagions de civilisé
[...]
Que j'entende le chant de l'Afrique future
[...]
Je ressuscite mes vertus terriennes.

Le naturel des mots entrechoqués mais la volonté de formuler des mots d'ordre, le laisser-aller des surprises lyriques mais une économie fondée sur des poèmes moraux sans la moindre surprise, un rien d'impatience devant des mélodies à moitié oubliées mais une patiente recherche dans l'utilisation du discours adressé aux masses : c'est cette dualité qui, au seuil de sa quarantaine, devient le propre de Léopold Sedar Senghor. Selon que les années sont fastes ou non, les images se feront nombreuses ou anémiques, et les appels à la « négritude » discrets ou violents. *Hosties noires,* dont la plupart des textes sont datés de 1942 ou 1944, se présente ainsi comme une suite de devoirs de civisme, entrecoupés de souvenirs auxquels on fait appel, comme pour justifier une inspiration « engagée », par choix plus peut-être que par un irrésistible élan. À ce compte, les années quarante ne sont pas les plus pures de cette poésie excessivement raisonneuse ; on leur accordera plutôt qu'elles livrent un portrait psychologique assez fidèle d'un personnage de plus en plus influent, et qui choisit le poème comme champ de son action. On chercherait en vain une souffrance personnelle, une musique intime, une rage démesurée : tout cela est utile, direct et froid, comme un témoignage sans fioritures.

L'Europe m'a broyé comme le plat guerrier sous les pattes pachydermes des tanks

[...]

Je t'écris parce que mes livres sont blancs comme l'ennui, comme la misère et comme la mort

[...]

Oui Seigneur, pardonne à la France qui dit bien la voie droite et chemine par les sentiers obliques

Qui m'invite à sa table et me dit d'apporter mon pain, qui me donne de la main droite et de la main gauche enlève la moitié.

Oui Seigneur, pardonne à la France qui hait les occupants et m'impose l'occupation si gravement.

Huit ans se passent entre la publication d'*Hosties noires* et celle d'*Éthiopiques*, paru en 1956. L'homme d'État a grandi en stature et en pouvoir, tandis que le poète a pris le temps nécessaire à l'écriture de textes qui ne fussent pas seulement d'un rendement immédiat. Surtout, l'idée de la « négritude » est devenue plus subtile et plus complexe ; rendre hommage à l'Éthiopie consiste aussi à se pencher sur un problème qui exclut les rapports de colonisé à colonisateur : c'est de permanence et de durée qu'il s'agit ici. Une sagesse se fait jour, une certaine aisance aussi, comme si le mystère recevait enfin le droit de s'insinuer entre les évidences trop crues. Un air de légende passe quelquefois ; on se préoccupe de l'essence des choses, profanes ou sacrées ; on rend grâce à l'œuvre du temps, comprise ou incomprise ; on se prend à rêver d'un langage qui fût une fin en soi ou qui, du moins, laissât quelque nourriture invisible à l'imagination ; on joue la difficulté, non sans bonheur quelquefois.

Je dis Kaya-Magan je suis ! Roi de la lune, j'unis la nuit et le jour

Je suis Prince du Nord du Sud, du Soleil-levant Prince du Soleil-couchant

La plaine ouverte à mille ruts, la matrice où se fondent les métaux précieux.

Il en sort l'or rouge et l'Homme rouge – rouge ma dilection à moi

Le Roi de l'or – qui a la splendeur du midi, la douceur féminine de la nuit.

Donc picorez mon front bombé, oiseaux de mes cheveux serpents.

Vous ne vous nourrissez seulement de lait bis, mais picorez la cervelle du Sage

Maître de l'hiéroglyphe dans sa tour de verre.

Ce retour à des sources obscures et à des transes ancestrales est assurément une conquête d'importance. Le lecteur, pour la première fois, se sent emporté par un délire savoureux et pur, quelque chose qui le dépayse et le plonge à la fois dans un dédale de vérités nobles et déroutantes, qui ne sollicitent ni sa raison ni ses facultés d'analyse. Il est séduit, et ne demande que de l'être davantage. Pourquoi faut-il, dans ces conditions, que soudain l'écriture de Léopold Sedar Senghor prenne une voie – on aimerait dire aussi une voix – qui n'est pas la sienne ? On est gêné de découvrir, dans un texte par ailleurs bien venu comme « L'Absente », une syntaxe et un vocabulaire qui sont de Saint-John Perse. « Ma gloire n'est pas sur la stèle, ma gloire n'est pas sur la pierre… Toutes choses vaines sous le van, toutes choses vaines dans le vent et l'odeur des charniers », dit assez malencontreusement le poète, se plaçant sous une tutelle qui ne lui sied pas.

Nocturnes, paru en 1961, sans rien abdiquer de l'autorité solennelle du citoyen, sait, par endroits, se faire elliptique. À cet égard, l'évolution commencée avec *Éthiopiques* se poursuit. Il n'est pas toujours indispensable que le poème soit une proclamation péremptoire, ni un panorama des choses africaines, telles qu'il les faut définir et perpétuer. L'homme public a des égards pour l'homme solitaire qu'il voudrait être. L'amoureux au grand jour trouve des pénombres propices, qu'il s'autorise à ne pas pénétrer trop avant. Un intimisme délicat dicte quelque pudeur aux calicots multicolores ; les jours de grande poésie sont des jours d'élection, sans être nécessairement des jours d'élections. Être libre, c'est aussi donner congé à sa liberté bruyante. Dans ces instants-là Léopold Sedar Senghor réussit à nous être proche et cher :

– Ma Sœur, ces mains de nuit sur mes paupières !
– Devine la musique de l'Énigme.
Oh ! ce n'est pas la bête brute qu'est le Buffle, pas les pattes sourdes du pachyderme
Pas le rire des bracelets aux chevilles de la servante lente
Pas les pilons encore lourds de sommeil, pas le rythme des routes en corvée.
Ah ! Le balafong de ses pieds et le gazouillis des oiseaux de lait !…

Ces incohérences fragmentaires, qui flattent délicieusement la rêverie, ne valent-elles pas mieux que cent poèmes, fussent-ils d'un Déroulède de la brousse ? D'aucuns seront reconnaissants à Léopold Sedar Senghor d'avoir assuré une rupture : ceux-là pensent qu'un rôle historique peut servir la poésie, dût-elle, par ses facilités mêmes, s'avouer vite dépassée. D'autres exigent du poète un ton et une confidence plus graves, plus mystérieux, plus troubles. Il est à souhaiter que, dans ses poèmes futurs, Léopold Sedar Senghor – qui a encore une œuvre immense à écrire – saura les satisfaire. Il y va d'un « engagement » que les victoires ne rendent pas caduc.

1 N° 143, p. 879-884.

Propos de Léopold Sédar Senghor sur André Gide

Bulletin des Amis d'André Gide, janvier 1989

Cet entretien a été réalisé par Alain Goulet, spécialiste de l'œuvre d'André Gide, reçu le vendredi 20 juillet 1988, dans sa maison de Verson, par le président Senghor pour évoquer ses relations avec l'auteur du Voyage au Congo.

Alain Goulet – À la suite de nos entretiens de Cerisy-la-Salle [1986], je vous avais demandé de nous faire part de vos souvenirs de vos rencontres avec André Gide, et je vous remercie de me recevoir pour cela aujourd'hui. Gide est allé à Dakar et en AOF du temps où son ami Marcel de Coppet était gouverneur du Sénégal, puis de l'AOF, c'est-à-dire de 1936 à 1939, et il y a fait trois voyages. Est-ce à cette occasion qu'il vous avait contacté ?

Léopold Sédar Senghor. – Je ne me rappelle pas s'il m'avait contacté d'abord à Dakar ou en France. Je sais seulement que j'ai toujours eu des relations très cordiales avec lui. Ce qui m'a d'abord frappé, c'était sa simplicité. Il était très simple. Et d'autre part, sa connaissance et son amour de l'Afrique. Ce que j'admirais en Gide, c'était d'abord l'écrivain, celui qui pouvait dire, de la façon la plus simple, la plus classique, et partant la plus élégante, l'originalité de chaque continent, de chaque race, de chaque homme. Pour moi, c'était un modèle en prose, et c'est pourquoi, comme professeur de lycée, je donnais souvent des dictées suivies de commentaires sur ses œuvres. Pour moi, Gide a toujours été le modèle de la prose française.

A.G. – Avant même de considérer celui qui, un des premiers, avait protesté contre les méthodes de la colonisation française, lors de son voyage au Congo et au Tchad, en 1925-1926 ?

L.S.S. – Exactement. Il y a l'écrivain, et puis il y a, quand même, l'humaniste militant. Ce qu'il y avait de remarquable chez Gide, c'est que cet écrivain classique pouvait être, en même temps, le plus présent au monde d'aujourd'hui. De plus, il avait bien distingué l'originalité de la civilisation négro-africaine, de l'art négro-africain, qui est aussi à sa manière un art classique.

A.G. – Vous aviez été sensible à des notations du *Voyage au Congo* et du *Retour du Tchad,* où il essayait de caractériser telle population, tel chant, tel rythme particuliers…

L.S.S. – Exactement. Il avait la notion de la spécificité des civilisations négro-africaines, mais il avait très bien vu que, par-delà l'originalité négro-africaine, il y avait un aspect de la Civilisation de l'Universel. Par exemple, si vous étudiez la poésie négro-africaine, celle-ci a des lois spécifiques. Ce qui, ici, fait un vers, ce n'est pas le nombre de syllabes, c'est le nombre de syllabes accentuées, comme dans la poésie germanique. En même temps, ce qui fait l'universalité de la poésie négro-africaine, c'est, par exemple, la valeur des images analogiques et de la répétition qui ne se répète pas. C'est bien cela que Gide avait saisi : l'universalité de la civilisation négro-africaine, par-delà sa spécificité intrinsèque. En cela, il était remarquable. Il peut paraître étrange que cet homme, au style si classique, s'intéresse à la civilisation négro-africaine. C'est qu'il avait découvert, par-delà la spécificité de cette civilisation, son humanisme.

84. À Château-Gontier, avec Claude et Georges Pompidou, 1938.

A.G. – Vous rappelez-vous quel est le premier livre de Gide que vous avez lu ?

L.S.S. – J'ai commencé par lire les livres que lisaient mes camarades, et en particulier celui qui était à la même table que moi : Georges Pompidou. Je peux dire que la littérature contemporaine, c'est Georges Pompidou qui me l'a fait découvrir.

A.G. – C'était donc que vous étiez en hypokhâgne, au lycée Louis-le-Grand.

L.S.S. – C'était quand j'étais en hypokhâgne et en khâgne. Nous étions à l'étude deux par table, et moi, j'étais avec Georges Pompidou…

A.G. – … qui vous a donc fait lire Gide, qui était effectivement au sommet de sa gloire à l'époque.

L.S.S. – Il m'a fait lire et aimer, en même temps, Gide et Proust. Dieu sait s'ils sont différents ! Mais, par-delà leurs différences, c'étaient deux grands écrivains français.

A.G. – Vous rappelez-vous comment se sont passées vos rencontres avec Gide ?

L.S.S. – Ça se passait très simplement. Quand j'avais envie de le voir, je lui faisais signe, et j'allais le voir ; et quand il avait besoin de me voir, il me prévenait. Mais c'était toujours très simple.

A.G. – Vous alliez donc rue Vaneau ?

L.S.S. – Une fois d'ailleurs, il m'a rencontré au quartier Latin, et il m'a dit : « Vous allez m'accompagner. » Il habitait près du boulevard Raspail, et nous sommes allés à pied, en bavardant, chez lui.

Quand nous avons lancé le mouvement de la Négritude, nos modèles de poètes, à Césaire, Damas et moi, c'étaient Claudel et Péguy. Mais le modèle du prosateur, c'était essentiellement André Gide.

A.G. – Et lui, a-t-il voulu vous voir avant de partir pour l'AOF, par exemple lorsqu'il avait été envoyé à Dakar, en 1938, comme membre d'une commission d'enquête parlementaire ?

L.S.S. – C'est surtout lorsque j'étais professeur à Tours que, quand je venais à Paris, je le voyais.

A.G. – Lui avez-vous envoyé de vos poèmes, avant de les publier ?

L.S.S. – Je ne me rappelle pas lui avoir envoyé mes poèmes. Au reste, à part Pompidou, je ne consultais personne. Je reprenais mes poèmes plusieurs fois, je me critiquais comme professeur, je me corrigeais, mais je ne sollicitais personne.

A.G. – Mais la première fois que vous l'avez lu, n'est-ce pas vous qui lui aviez écrit pour le rencontrer ?

L.S.S. – Non. Autant que je me le rappelle, c'est à propos de l'Afrique et de ses voyages qu'il m'a dit qu'il voulait me voir.

A.G. – Il vous connaissait donc probablement en tant que premier agrégé africain…

L.S.S. – Comme professeur et premier agrégé d'Afrique noire.

A.G. – Et comme vous êtes sénégalais, c'était sans doute pour parler des problèmes spécifiques de l'Afrique occidentale française ?

L.S.S. – Oui. C'était un homme très simple, très ouvert. Quand je demandais à le voir, il acceptait, mais ce n'était pas du tout mondain. Il ne m'invitait pas à déjeuner ou à dîner. J'allais chez lui et nous bavardions, nous prenions un verre comme nous le faisons actuellement. Je me rappelle surtout quand il m'a rencontré au jardin du Luxembourg et qu'il m'a dit de l'accompagner. Nous avons marché pendant une demi-heure, en bavardant.

A.G. – Et l'avez-vous revu après la guerre ? Parce qu'alors, vous étiez très occupé comme professeur, comme député, chargé de mission…

L.S.S. – Je ne me rappelle pas, mais j'ai toujours fréquenté les mêmes amis, les mêmes écrivains, que je fusse professeur ou ministre, ou député.

A.G. – En 1947, quand est lancée la revue *Présence africaine*, est-ce vous qui aviez demandé à Gide de rédiger l'avant-propos du premier numéro ?

L.S.S. – Je ne pourrais pas vous le dire, mais j'ai été en rapport, au début du mouvement de la Négritude, avec les fondateurs de *La Revue du monde noir*, singulièrement avec Paulette Nardal. J'ai participé également à la fondation de *L'Étudiant noir*. Parmi les écrivains négro-africains, c'est Aimé Césaire et Alioune Diop que je fréquentais le plus. Et parmi les écrivains français, c'est encore Gide que je voyais le plus souvent.

A.G. – Avez-vous aussi rencontré Paul Claudel ?

L.S.S. – Non. Paul Claudel, je l'ai lu, je ne me rappelle pas l'avoir rencontré. C'était notre modèle, mais je n'éprouvais pas le besoin de le rencontrer. C'est Gide qui avait voulu me rencontrer pour la première fois. Si Paul Claudel l'avait fait, je l'aurais vu.

A.G. – Mais Claudel, qui a tant voyagé, n'a jamais été en Afrique noire.

L.S.S. – Claudel et Péguy, nous les appelions « les deux poètes nègres ». Nous les avions assimilés. Mais pas Gide. Nous sentions la différence qu'il y avait entre Gide et nous. Par exemple, sur le plan du style, Claudel et Péguy correspondaient au style négro-africain tel que je l'ai défini : « une image ou un ensemble d'images analogiques, mélodieuses et rythmées ». Mais pour Gide, c'est autre chose, même si nous sentions la beauté de sa prose.

A.G. – De toute façon, il y a tout un aspect rythmé, très cadencé, chez Gide, à tel point que, dans ses œuvres de jeunesse, les vers blancs abondent.

L.S.S. – Je sais, mais il y a une pureté de style qu'on ne trouve pas chez les autres.

A.G. – Vous aviez des discussions littéraires, mais vous rappelez-vous avoir eu des discussions politiques ?

L.S.S. – Non, jamais avec les écrivains ou les artistes français, je n'ai eu de discussion politique. Hier par exemple, un Américain était là, et je lui ai montré l'illustration de mes poèmes par de grands artistes français, comme Manessier, Soulages, etc., mais nous n'avons pas parlé de politique.

A.G. – Même étant donné le combat que Gide avait mené contre le colonialisme, et son désengagement du communisme ?

L.S.S. – Nous étions, Césaire et moi, et tous les poètes de la Négritude, très libres vis-à-vis des partis. Nous étions socialistes, mais personne d'entre nous, parmi les plus influents, n'était communiste. Nous ne parlions pas beaucoup de politique. Ça ne nous intéressait pas. C'était la culture qui nous intéressait essentiellement, comme André Gide, comme Paul Claudel.

A.G. – Lorsque vous avez publié vos recueils de poèmes, en avez-vous envoyé un exemplaire à Gide ?

L.S.S. – Je ne pourrais vous le dire. En général, quand je publie des livres – en septembre, mon *Ce que je crois* va paraître –, mon éditeur me convoque et je passe une demi-journée de signatures, et c'est tout. Je ne les envoie pas.

A.G. – Maintenant, vous êtes universellement connu. Mais souvent, quand on publie son premier volume, on en envoie un exemplaire à des écrivains qu'on admire comme Gide l'avait fait pour Barrès et Mallarmé.

L.S.S. – Non. Pour moi, comme c'est un pensum, je suis les conseils de l'éditeur.

A.G. – Et est-ce que vous pourriez dire quelle est l'œuvre de Gide qui vous a le plus marqué, ou le plus intéressé ?

L.S.S. – C'est difficile à dire, parce que j'ai pratiquement lu tout Gide. Mais ce ne sont pas ses œuvres les plus personnelles qui m'ont le plus intéressé. Ce que j'aimais en Gide, c'était le classique des temps modernes. Ce sont ses œuvres les plus belles auxquelles j'ai été le plus sensible. Il est vrai que presque toutes les œuvres de Gide, du point de vue du style, sont parfaites. Il y a peu d'écrivains qui m'ont donné, comme Gide, l'impression de la perfection. Parmi les classiques, par exemple, il y a Racine.

Je suis en train d'écrire sur les Surréalistes. Parmi eux, c'est Paul Eluard qui incarne le mieux l'idée de la perfection, qui a l'écriture la plus classique. Et c'est Paul Eluard qui répond le mieux à ma définition du « lyrisme lucide ». Gide a un peu de ça. Je suis en train d'écrire trois conférences que les pays scandinaves m'ont demandées sur la « Normandité » : « Normandité et Celticité », « Normandité et Négritude », « Normandité et Civilisation de l'Universel ». Je cite toujours Paul Eluard comme le modèle de la Normandité : du lyrisme lucide. La première fois que j'ai fait une conférence sur la Normandité, que m'avait demandée l'Académie de Rouen, je me suis dit : « Parmi les Surréalistes, à mon avis, le plus parfait, c'est Paul Eluard. » Et à ce moment, je reçois un livre de son gendre, Luc Decaunes, sur Paul Eluard. À la cinquième page, j'apprends que ses grands-parents étaient des Normands; mais je l'avais reconnu au style.

A.G. – C'est effectivement une parenté, puisque Gide était à demi-Normand, par sa mère.

L.S.S. – C'est pourquoi je vous parle de cela, et c'est pourquoi Gide répond à la définition de la « Normandité » : un lyrisme lucide.

A.G. – Quand il était jeune, c'est poète qu'il voulait être...

L.S.S. – C'est comme Philippe Soupault. J'ai pensé aussi qu'il était normand, et comme je l'avais fréquenté dans le temps, je lui ai écrit pour lui demander s'il l'était. Il ne m'a pas répondu, mais deux mois plus tard, je rencontre, en Normandie, un Soupault et je lui demande : « Vous êtes normand ? – Oui, et c'est un nom fréquent en

Normandie. » Là aussi, je l'avais reconnu au style.

A.G. – Avez-vous eu l'occasion d'assister à des représentations de pièces de Gide ? Son théâtre n'est pas la meilleure partie de son œuvre, à mon avis, mais il y tenait beaucoup.

L.S.S. – Justement, c'est son théâtre que j'aime le moins, parce que Gide n'était pas fait pour le théâtre. Son théâtre manque de cette intention classique et poétique propre à Gide. Le théâtre est trop bavard.

A.G. – Avez-vous parfois rencontré Gide avec ses amis ?

L.S.S. – Non. C'était des rencontres seul à seul, des conversations, des promenades. Ça n'avait aucun côté mondain. Je n'ai jamais éprouvé le besoin, par exemple, d'aller à un déjeuner officiel avec lui. Je le sentais tellement, je l'aimais tellement, que nous n'éprouvions pas le besoin de mondanité, parce que ça aurait diminué Gide, ça aurait diminué notre dialogue, notre fraternité littéraire.

A.G. – Vous rappelez-vous de choses particulières qu'il vous ait dites, qui vous aient frappé ?

L.S.S. – Non, parce que nous parlions de l'Afrique, nous parlions beaucoup de la poésie africaine, de l'humanisme, de la France, ou bien nous parlions du classicisme, de la langue française. Je participais de la conception que Gide avait de la langue française. Le lyrisme lucide des Normands correspond parfaitement à ce que j'appelle la « Francité ». Vous voyez la part des Normands dans la formation du classicisme, le rôle de Malherbe, le rôle de Corneille. Vous voyez, dans la formation du Surréalisme, le rôle de Paul Eluard, de Philippe Soupault, d'André Breton. Les trois plus grands poètes surréalistes sont normands, et j'ai reconnu leur Normandité à leur style. Et il y a beaucoup de la Normandité dans le style de Gide. Et cette absence aussi de familiarité grossière, vulgaire... Cet aspect normand de Gide, c'est très important.

A.G. – L'avez-vous rencontré aussi en Afrique, avant la guerre ?

L.S.S. – Non ! Pendant tout le temps que j'ai été professeur, je passais mes vacances à Château-Gontier, chez le docteur Cahour, le beau-père de Pompicou. J'étais comme l'enfant de la maison. Mais je ne passais pas mes vacances au Sénégal... voilà.

A.G. – Puisque vous allez bientôt faire paraître votre dernier livre, voudriez-vous nous le présenter en quelques mots, pour terminer cet entretien ?

L.S.S. – *Ce que je crois*, comme le veut le titre de la collection, c'est une sorte de confession sur mes grandes idées et sur mes goûts. Et c'est la raison pour laquelle j'ai intitulé mon *Ce que je crois : Négritude, Francité et Civilisation de l'Universel.* Je montre que la symbiose de la Négritude et de la Francité, c'est un aspect essentiel de la Civilisation de l'Universel. Parce que nous sommes aux deux bouts, les Nègres et les Français : nous représentons, nous Nègres, ce qu'il y a de plus originaire et de plus original dans l'Afrique et le sud de l'Asie, tandis que les Français représentent ce qu'il y a de plus original en Europe. Dans la Civilisation de l'Universel, la civilisation gréco-latine apportera beaucoup, comme la civilisation nègre en général. C'est ainsi qu'en avril j'ai organisé à l'université de Coimbra, au Portugal, un Congrès international sur les humanités gréco-latines. L'un n'empêche pas l'autre ; l'un est complémentaire de l'autre. [...]

Vous voyez, vous me faites découvrir maintenant pourquoi j'aime Gide. C'est à cause de ce lyrisme lucide, au fond, qu'il y a chez lui. Même dans ses écrits en prose, il y a du lyrisme. Et son côté normand n'est pas le moindre élément de sa personnalité.

Nous donnons ci-après la transcription des lettres échangées entre Léopold Sédar Senghor et André Gide conservées à la Bibliothèque littéraire Jacques-Doucet; ainsi que la correspondance qui en résulta entre René Maran, Prix Goncourt 1921, et Gaston Gallimard.

1. Léopold Sédar Senghor à André Gide

Paris, 3 février 1940
8, rue Lamblardie (12e)

Cher Maître,

J'ose vous écrire. C'est que le sujet me semble être de quelque intérêt et que vous seul pouvez faire quelque chose.

Il s'agit de Monsieur René Maran[1]; plutôt, d'un récit autobiographique[2] qu'il a écrit il y a une dizaine d'années et qu'il n'a pu encore faire éditer. Les maisons d'édition se dérobent l'une après l'autre; Sorlot (?) avait accepté quand la Guerre vint lui fournir un prétexte. La raison en est que Maran nous parle d'un intellectuel noir déraciné, étranger à son peuple et à lui-même en même temps qu'à l'Europe; la raison en est surtout que le récit finit par un mariage mixte, ce que l'on juge sans doute intolérable pour la dignité de l'homme blanc.

J'ai pensé, avec l'auteur, que l'œuvre valait d'être livrée au public français – elle a déjà été traduite à l'étranger. En ce moment particulièrement, où la France demande un tel sacrifice d'hommes aux noirs, et où ceux-ci rêvent d'une « paix eurafricaine »; espérant que leur voix sera écoutée, et reconnue, dans les faits, leur dignité de Français, d'homme.

Maran a pensé à la NRF. Je sais que vous pouvez faire quelque chose pour lui, et je me suis adressé à vous.

Vous voudrez bien excuser mon audace et croire, cher Maître, à mon respect affectueux.

Senghor

Léopold Sédar Sengor
Professeur

P.S. Mobilisé en septembre, j'ai été réformé parce que j'avais un trachome, et aussi parce qu'universitaire.

1 Si Albin Michel est le principal éditeur de René Maran, l'écrivain est cependant lié depuis mai 1937 à la maison Gallimard, qui lui a commandé un ouvrage sur *La Découverte du continent noir au XIXe siècle* (*Livingstone et l'exploration de l'Afrique*) pour la collection de Raymond Burgard, « La Découverte du monde ». En octobre 1940, Gallimard signera un second contrat avec l'auteur pour un ouvrage consacré à Savorgnan de Brazza (*Brazza et la fondation de l'Afrique équatoriale*), pour la même collection. Maran était alors dans une situation financière personnelle délicate.

2 Le manuscrit dont il est question ici s'intitule *Un nègre parle*.

2. René Maran à Gaston Gallimard

Paris, le 24 février 1940
26, rue Bonaparte
VIe

Monsieur le Directeur,

Je me permets de vous faire tenir, en même temps que la présente, le texte du récit dont M. André Gide a déjà dû vous annoncer l'envoi, et m'excuse de n'avoir pu le faire plus tôt, une mauvaise grippe, dont je ne suis d'ailleurs pas encore débarrassé, m'ayant non seulement obligé à garder la chambre, mais encore à m'aliter.

J'ai expurgé mon texte de tout ce qui aurait pu le faire paraître inopportun ou impolitique à l'heure actuelle. Vous ne trouverez par conséquent, dans mon récit, qu'une espèce de *Journal sans date* à peine romancé en deux ou trois endroits. Mais, tel que, il constitue un document, un état d'âme que le plus réticent de mes congénères n'oserait désavouer.

Je vous prie, Monsieur le directeur, de ne pas me tenir rigueur des quelques explications que je me suis permis de joindre à mon envoi, et de bien vouloir agréer l'expression de mes sentiments les plus dévoués.

René Maran

3. Gaston Gallimard à René Maran

Mirande, le 7 mai 1940

Monsieur René Maran
26, rue Bonaparte, 26
Paris (6e)

Cher Monsieur,

J'ai lu votre manuscrit intitulé *Un nègre parle* qui m'avait, en effet, été annoncé et recommandé à mon attention par M. André Gide.

Le sujet en est très beau et très émouvant et j'aurais beaucoup aimé le publier. Malheureusement, les circonstances ne me semblent pas très favorables. Je me demande si, dans votre intérêt même, il ne serait pas préférable de remettre la publication d'un livre qui pourrait en ce moment déconcerter les lecteurs. D'autant plus que la délicatesse même avec laquelle vous l'avez traité n'est pas faite pour l'imposer brutalement. Je craindrais, en effet, que ce récit à peine romancé qui constitue plutôt un document ou, comme vous le dites très bien vous-même, un état d'âme, ne trouve pas en temps de guerre auprès du public l'accueil que vous êtes en droit d'attendre.

J'insiste sur les circonstances qui me dictent cette réponse et, personnellement, je regrette vivement de renoncer à la publication de cet ouvrage.

Je vous remercie de m'avoir permis de le lire et vous prie de croire, Cher Monsieur, à mes sentiments les meilleurs.

Gaston Gallimard

4. Léopold Sédar Senghor à André Gide

Assemblée nationale
République française

Paris, le 14 décembre 1948

Monsieur André Gide
Librairie Gallimard
43 rue de Beaune
PARIS

Mon cher Maître,

Monsieur Gaston D. Périer, un écrivain belge, m'a demandé d'attirer votre bienveillante attention sur *Ngando*, un conte écrit par le Congolais Lomami Tshibamba P.

Ce conte vient d'obtenir un prix littéraire en Belgique et M. Périer serait particulièrement heureux de voir quelques lignes d'introduction de vous.

Vous me permettrez d'insister auprès de vous. Vous n'ignorez pas combien est dur le régime colonial belge.

Quelques écrivains, dont M. Périer, se sont donné la mission de transformer l'esprit de la colonisation belge. C'est dire qu'une introduction émanant de vous leur serait d'un concours particulièrement précieux.

Vous trouverez ci-joint une première épreuve de *Ngando*.

Veuillez agréer, cher Maître, avec mes remerciements anticipés, l'expression de mon admiration attentive.

L.S. Senghor
Député du Sénégal

5. André Gide à Léopold Sédar Senghor[1]

Cher Monsieur Senghor,

Je déplore que mon mauvais état de santé et ma grande fatigue ne me permettent d'accepter aucune nouvelle obligation. J'aurais été heureux d'aider au succès de ce petit récit. Du moins l'ai-je lu attentivement; et même je me suis permis d'y corriger quelques erreurs typographiques et d'y suggérer, au crayon, en marge, quelques légères modifications. Mais trop tard sans doute, car votre lettre me laisse supposer que le livre est déjà imprimé.

Veuillez croire, cher Monsieur, à ma très cordiale et attentive considération.

1 Brouillon sans date.

CHRONOLOGIE

LÉOPOLD SÉDAR SENGHOR

DANS L'HISTOIRE DE LA FRANCOPHONIE

1789 Le 15 avril, les Sénégalais adressent aux révolutionnaires, rédigées en français, les « Très humbles doléances et remontrances des habitants du Sénégal aux citoyens français tenant les États généraux ».

1880 Dans un ouvrage intitulé *France, Algérie et colonies*, le géographe français Onésime Reclus (1837-1916) invente le terme de « francophonie ». Dans le contexte de la fin du XIXe siècle, il prône l'expansion coloniale de la France en utilisant les vertus de sa langue. En Afrique, les sujets des royaumes constituant le Sénégal revendiquent le droit d'être « nègre et français »

1883 L'Association nationale pour la propagation de la langue française dans les colonies de l'étranger, dite Alliance française, est créée sous l'égide de l'ambassadeur Paul Cambon. Reconnue d'utilité publique en 1886, elle réunit au sein de son conseil d'administration des personnalités comme Ferdinand de Lesseps, Louis Pasteur, Ernest Renan ou Jules Verne.

85. Au temps de l'assimilation... Afrique occidentale française, une école dans la brousse.

86. Élève de première à Dakar, 1926.

1891 Le royaume sérère du Sine, pays des ancêtres de Senghor, établi depuis le XIVe siècle au Sénégal, devient protectorat français sous le règne du roi Mbacke Ndep Ndiaye.

1906 Le 9 octobre, selon les registres de l'état civil de Joal, naît Léopold Sédar Senghor, fils de Basile Diogoye Senghor et de Gnilane Bakhoum. Premières années à Djilor, tout près du village natal, dans la famille de sa mère.

1913 Le jeune Sédar apprend le catéchisme et s'initie à la langue française auprès du père Léon Dubois, à la mission catholique de Djilor.

1914-1921 Au collège catholique Saint-Joseph de Ngasobil, à quelques kilomètres de Joal, Senghor suit ses études primaires dans le dessein de se former à la prêtrise. Langue française et discipline sont au programme.

87. Le cours secondaire du lycée public de Dakar, 1928.

1922-1927 Senghor fait sa rentrée en 1922 au collège-séminaire Libermann de Dakar ; jugé trop frondeur pour devenir prêtre, Léopold est envoyé en 1926 à l'école laïque (cours secondaire de la rue Vincens, à Dakar), en vue de devenir bachelier et de se préparer à l'enseignement. Il y excelle, surtout dans les disciplines littéraires, et est reçu au baccalauréat avec mention.

1928-1930 Âgé de vingt-deux ans, Léopold Sédar Senghor arrive en France en septembre 1928 pour y suivre des études littéraires supérieures en Sorbonne. Mais sur le conseil du latiniste Ernout et avec l'appui de son « correspondant » à Paris, le député du Sénégal Blaise Diagne, il entre à Louis-le-Grand en hypokhâgne pour préparer le concours d'entrée à l'École normale supérieure. Georges Pompidou y sera, parmi d'autres, son condisciple ; c'est le début d'une longue amitié entre les deux futurs présidents. Sous son influence, Senghor s'ouvre à la littérature française contemporaine : lecture de Barrès, Gide, Proust, Martin du Gard, Péguy, Valéry, Montherlant, Giraudoux… Il s'inscrit au groupe des étudiants socialistes.

88. 17 avril 1930, à Tours, chez les Chaigne : Senghor en compagnie de ses camarades Deville et Pham Duy Kiêm.

1931-1934 En mai 1931 est inaugurée à Paris l'Exposition coloniale, placée sous la responsabilité de Lyautey ; en novembre paraît le premier numéro de la *Revue du monde noir*. Senghor fréquente les milieux noirs de la

89. « Élégie pour Georges Pompidou ». Manuscrit autographe.

ÉLÉGIE POUR GEORGES POMPIDOU (~~[illegible]~~ 2e version) 53

Donc j'ai dit non! je ne chanterai pas bé-
son
je ne chanterai le foie de l'Auvergne, ni
sa queue ruisselante d'alezan
Et je chante les forêts de Guinée-Bissao
Chante Amilcar Cabral : son nom ~~de~~ soleil
sur les combattants verts
Mais ~~[illegible]~~ voilà, ~~dans~~ la nuit ton regard me ron-
ge comme les punaises des bois
Je me réveille parmi ~~dans~~ des tourbillons de sueur
et il faut me barricader dans ma
solitude ~~[illegible] où ciel sans ciel sans lune~~
~~Pour ne pas hurler comme les chacals~~
~~(dans l'espace vide des tours~~
~~de la lune rousse~~
Pour ne pas hululer Mara, où ciel sans
ciel sans lune.
Ton regard me poursuit, muet, jusque dans
le vent du Printemps
me poursuivait, tandis que je m'entraînais le
long de la Grande Muraille
Le vent emplissait la splendeur des Ming
si bleue si blanche sertie d'or et de
pierres précieuses
Que je courais, avec le camarade
Tchen Yong-Kouei, sa pureté bien
nommée sur la crête
Debout sur les collines de la brigade
de Tatchaï et
~~Déjà~~ ~~les~~ ~~soufflait~~ le vent du Printemps
mais dégageait & sur les drapeaux rouges

90. Senghor (*troisième, en partant de la gauche*) parmi le groupe de la *Revue du monde noir*, début des années 1930.

91. L'écrivain guyanais Léon-Gontran Damas (1912-1978).

92. L'écrivain antillais René Maran (1887-1960).

capitale, notamment le salon des sœurs antillaises Nardal. Il rencontre Léon-Gontran Damas et Aimé Césaire, débarqué de Martinique à Paris en septembre de cette même année, et nouvellement inscrit en khâgne à Louis-le-Grand. Il se lie également avec René Maran.

Senghor échoue de peu en 1932 au concours d'entrée à l'École normale supérieure; il est cependant diplômé d'études supérieures avec un mémoire intitulé *L'Exotisme chez Baudelaire*. Il décide de préparer l'agrégation de grammaire (à laquelle il échoue également en 1933). Pour ce faire, il demande et obtient la nationalité française en 1932.

Son père meurt en janvier 1933, quelques mois après que son fils l'a revu lors de vacances passées au Sénégal.

En novembre 1933, Senghor prend la présidence de l'Association des étudiants ouest-africains, dont l'objet est d'aider les étudiants noirs à « assimiler la culture européenne sans se couper de leurs peuples ». En septembre 1934, Senghor, Césaire et Damas créent la revue *L'Étudiant noir*, support et porte-voix de la négritude, qui s'inscrit en rupture avec *Légitime Défense*, une revue d'étudiants antillais créée en 1932.

1935-1937 Après son service militaire, Senghor, reçu à l'agrégation de grammaire (il est, en 1935, le premier agrégé africain dans cette discipline), est nommé professeur de français au lycée Descartes de Tours. Il écrit les premiers poèmes qui composeront le recueil *Hosties noires*, publié quelque douze années plus tard.

Proche de l'équipe d'*Esprit*, il adhère en 1936 à la SFIO.

Le 10 septembre 1937, le jeune agrégé est invité par l'administration coloniale à prononcer une conférence à la chambre de commerce de Dakar, en présence du gouverneur général socialiste, Marcel de Coppet. Dans son allocution, Senghor se prononce contre l'assimilation coloniale. Son idée force : « Assimiler et non être assimilé. »

93. En vacances dans le midi, 1936.

1938 Senghor est nommé professeur au nouveau lycée Marcellin-Berthelot de Saint-Maur-des-Fossés. Il s'installe dès lors rue Lamblardie, près de la porte Dorée et du bois de Vincennes. Sa réputation se conforte dans les milieux intellectuels et littéraires ; il reçoit beaucoup. Il publie articles et poèmes dans les *Cahiers du Sud*, *Charpentes* et *Volontés*. Daniel-Rops le sollicite pour qu'il prenne part à un volume collectif de sa collection « Présences » consacré à « l'homme de couleur », qui sera publié l'année suivante ; simultanément, Jean Ballard, directeur des *Cahiers du Sud*, lui commande un numéro spécial sur la littérature et l'art des Négro-Africains (voir, ci-dessus, leur correspondance, p. 165).

1939-1943 La guerre éclate ; Senghor est mobilisé et affecté dans un régiment d'infanterie coloniale. Capturé par les Allemands le 20 juin 1940 à La Charité-sur-Loire, il va, durant deux années, être transféré de stalag en stalag.

94. Senghor, parmi ses élèves du collège de Saint-Maur-des-Fossés, 1939.

Ennui, lectures (Goethe, notamment) et écriture (suite des poèmes recueillis dans *Hosties noires*). Il est libéré pour raison de santé (« maladies tropicales ») en 1942 et reprend son enseignement. Il s'affilie au Front national universitaire.

95. En balade en France, années 1930.

Il fréquente Picasso, Manessier, Tzara et de nombreux compatriotes.

1944-1947 Le 30 janvier 1944 est réunie la Conférence de Brazzaville : le général de Gaulle, président du gouvernement provisoire de la France libre, évoque devant les gouverneurs des colonies la possibilité de conférer aux territoires ultramarins francophones une « personnalité politique ». C'est le moment où Senghor trace, dans *La Communauté impériale française*, publié en 1945 à l'instigation de Raymond Postal, les grandes lignes d'une nouvelle politique.

En 1944, Il est nommé professeur à l'École nationale de la France d'outre-mer par Robert Delavignette, à la chaire de linguistique négro-africaine laissée vacante par Maurice Delafosse. Il publie en 1945 *Chants d'ombre*, son premier recueil de poésie, dans la collection « Pierres vives » des Éditions du Seuil.

96. Discours du général de Gaulle au stade Félix-Éboué, conférence de Brazzaville, janvier 1944.

La guerre se termine quand, coup sur coup, il est désigné par le gouvernement français pour intégrer la commission Monnerville chargée d'étudier la représentation des colonies dans la future assemblée constituante, envoyé au Sénégal en juillet 1945 par le CNRS pour enquêter sur la poésie sérère et, sur place, invité à se présenter aux nouvelles élections législatives aux côtés de l'avocat socialiste Lamine Guèye. Le 21 octobre 1945, Senghor est élu député de la circonscription Sénégal-Mauritanie. Le 6 novembre, l'assemblée constituante se réunit pour la première fois. Au sein de la SFIO, son activité politique s'intensifie dans un contexte agité autour des questions relatives à la décolonisation. Rapporteur pour les affaires d'outre-mer, il formule sa théorie de l'autonomie au sein de l'Union. La Constitution est votée le 13 octobre 1946 ; les anciennes colonies de l'AEF et de l'AOF prennent le statut et la dénomination de territoires d'outre-mer (Tom).

Senghor se marie le 12 septembre 1946 avec la fille de Félix Éboué, gouverneur de l'Afrique équatoriale française, qui fut le premier en Afrique à avoir répondu présent à l'appel du général de Gaulle du 18 juin 1940. En décembre 1947, le premier numéro de *Présence africaine*, revue animée par son ami Alioune Diop, publie « Chant de l'initié ».

1948-1949 Léopold Sédar Senghor fonde, avec Mamadou Dia, le Bloc démocratique sénégalais (BDS) et le journal *La Condition humaine*. C'est la rupture avec Lamine Guèye et l'envol politique du jeune député, qui bénéficie d'un véritable soutien populaire. Rompant avec la SFIO, il rejoint les bancs des indépendants d'outre-mer à l'Assemblée nationale.

Il publie une *Anthologie de la nouvelle poésie nègre et malgache* (PUF), précédée de la célèbre préface de Jean-Paul Sartre intitulée « Orphée noir » et, toujours en 1948, au

Seuil, *Hosties noires*, son second recueil poétique.
Disparition, au Sénégal, de Gnilane Senghor, sa mère.

1950-1954 Réélu député en 1951, Senghor s'exprime de plus en plus dans la presse et fait entendre sa voix, notamment à l'Assemblée. L'Empire se disloque, se désagrège ; la situation est explosive : « L'avenir de l'Union française est dans cette Afrique qui se réveille peu à peu de son sommeil millénaire », s'exclame Senghor en janvier 1954 au Parlement.

Il publie également divers articles scientifiques dans des revues spécialisées et, mettant en pratique sa conception de l'enseignement, conçoit pour Hachette un manuel scolaire, *La Belle Histoire de Leuk le lièvre.*

Il salue en octobre la naissance, à Limoges, de la première Union internationale des journalistes de la presse de langue française, créée à l'initiative du Canadien Dostaler O'Leary.

1955-1956 Senghor accepte en mars 1955 un poste de secrétaire d'État auprès de son ami Edgar Faure, président du Conseil et successeur de Pierre Mendès France ; il y promeut une solution confédérale pour l'Afrique, l'autonomie préparant l'indépendance.

Associé à l'ancien instituteur Mamadou Dia, Senghor est réélu député en 1956, après le renversement du gouvernement et la dissolution de l'Assemblée. Il tente de faire entendre sa voix afin d'imposer, dans la loi-cadre préparée par Gaston Defferre, sa conception fédérale. Sans succès.

97. Senghor entouré d'écrivains négro-américains dont, à sa droite, Richard Wright. Congrès des écrivains et artistes noirs, septembre 1956

Le 19 septembre 1956, Senghor participe au premier Congrès des artistes et écrivains noirs et publie à l'automne *Éthiopiques*, son troisième recueil de poésies.

1957 Mariage en secondes noces, le 18 octobre, avec Colette Hubert. Il leur naîtra un fils, Philippe-Maguilen.

1958-1959 En septembre 1958, après la dissolution de la Quatrième République dans le contexte de la crise algérienne, de Gaulle, rappelé au pouvoir en mai, se rend dans les capitales africaines pour préparer le référendum. Le Général désigne Senghor – plaidant sans relâche pour une République fédérale d'Afrique intégrée dans une Confédération franco-africaine –, membre de la commission chargée d'élaborer une Constitution pour une Communauté franco-africaine ; Lamine Guèye et Houphouët-Boigny en sont aussi. Une fédération est instituée, qui n'interdit pas l'union volontaire de plusieurs territoires, et le principe de l'autodétermination est inscrit dans le texte constitutionnel. Mis à part le Guinéen Sékou Touré, les dirigeants africains francophones entrent dans ladite Communauté. Après une tentative de fédérer les États de l'Afrique de l'Ouest en décembre 1958, Senghor se rabat sur une fusion entre son pays et le Soudan (actuel Mali) en 1959 ; Modibo Keita dirige le gouvernement et Senghor contrôle l'Assemblée et le parti commun né de la fusion de l'Union progressiste sénégalaise (UPS) et du RDA soudanais. Senghor demande l'indépendance pour le Mali ; le 13 décembre, il reçoit de Gaulle à l'assemblée fédérale du Mali réunie à Dakar. Quatre jours plus tôt, il a inauguré l'université de Dakar.

1960-1961 L'indépendance du Sénégal est proclamée le 20 juin 1960 ; en août, la mésentente avec le Mali provoque la dissolution de la fédération. Le 5 septembre, Senghor est

98. Dakar, séance de l'Assemblée nationale du Sénégal durant les fêtes de l'Indépendance. À la tribune, Mamadou Dia, président du Conseil.

élu président de la République du Sénégal à l'unanimité des députés votants; il nomme Mamadou Dia président du Conseil. La première Conférence des ministres de l'Éducation nationale des pays francophones est réunie; en 1961, notamment à l'instigation de Senghor, l'Association des universités partiellement ou entièrement de langue française (Aupelf) est créée.

1962-1965 Le nouveau chef d'État sénégalais entre en conflit ouvert avec son Premier ministre Dia. En décembre 1962, ce dernier est accusé d'avoir fomenté un coup d'État. Il sera arrêté et condamné à la prison à perpétuité. Dès lors, Senghor, investi des pleins pouvoirs, installe un régime présidentiel fort (Constitution ratifiée le 3 mars 1963), contrôle le parti dominant (il se convertira plus tard au pluripartisme, faisant modifier à deux reprises la Constitution) et s'engage dans un plan de développement et de redressement de son pays. En décembre 1963, malgré les échauffourées consécutives à

99. Senghor, du haut de la terrasse du Palais présidentiel, s'adresse au peuple sénégalais venu le soutenir, après le coup d'État manqué de Mamadou Dia. Dakar, décembre 1962.

100. Affiche, 1966.

l'organisation des élections, il est réélu pour cinq ans.

Senghor encourage la solidarité entre les chefs d'État de l'Afrique francophone ; une Organisation de l'unité africaine (OUA), conforme à ses vœux, naît en 1963.

En 1963, le président poète reçoit le Grand Prix international de poésie. En 1964, les Éditions du Seuil réunissent, dans le premier volume de *Liberté*, les propos et écrits de Senghor sur les rapports entre négritude et humanisme. Dans ce recueil est repris le texte fondateur de Senghor en faveur de la francophonie, publié en novembre 1962 dans la revue *Esprit* (voir ci-dessus, p. 160) et que voisinait une contribution du Prince Norodom Sihanouk.

1966 Le président poète accueille à Dakar, du 1er au 24 avril 1966, le premier Festival des arts nègres. En juin, il réunit à Tananarive la première Conférence des chefs d'État de l'Organisation commune africaine et malgache (Ocam), prélude à la mise en œuvre d'un espace politique francophone international.

1967-1968 Le 22 mars, Senghor est victime d'un attentat. Le coupable, Moustapha Lô, est condamné à mort et exécuté. En 1968, les étudiants sénégalais sont en grève, comme en France; émeutes. De Gaulle et lui traversent, en même temps, la période la plus difficile de leur présidence. Malgré tout, ils continuent de bâtir pierre par pierre l'institution francophone. L'Association internationale des parlementaires de langue française est instaurée.

101. Sortie de l'Élysée à l'issue d'une visite officielle du président sénégalais à Paris.

1969-1970 La première Conférence des ministres francophones de la Jeunesse et des Sports est réunie, tandis que, le 17 février, se tient à Niamey la première Conférence intergouvernementale des États francophones en présence du Tunisien Bourguiba, du Nigérien Diori et de Malraux.

De Gaulle quitte le pouvoir. L'ancien condisciple de Senghor à

102. Visite du président Georges Pompidou au Sénégal. Arrivée à Dakar, février 1971.

Louis-le-Grand, Georges Pompidou, est désormais président de la République française ; il se rendra au Sénégal pour une visite officielle dès 1971.

À Dakar, en février 1970, Senghor nomme Abdou Diouf Premier ministre. Le 20 mars, la Convention de Niamey institue l'Agence de coopération culturelle et technique (ACCT), dont le secrétariat général est confié à Jean-Marc Léger ; désormais vingt et un pays ont ratifié la charte de la nouvelle institution centrale de la francophonie.

En 1969, Senghor, déjà largement honoré pour son œuvre, est élu à l'Académie des sciences morales et politiques.

La Fédération internationale des professeurs de français (FIPF) est créée.

1973 Le deuxième tome de *Liberté,* consacré aux textes politiques et sous-titré *Nation et voie africaine du socialisme*, est déjà publié quand paraît le recueil poétique *Lettres d'hivernage.*

Senghor est reconduit pour un quatrième mandat.

1975 En France, la loi du 31 décembre relative à l'emploi de la langue française réglemente son usage dans les domaines du commerce, du travail et de l'audiovisuel. Elle sera toutefois abrogée, puis augmentée par la loi Toubon du 4 août 1994.

1977-1979 Le chef de l'État sénégalais publie en 1977 le troisième tome de *Liberté,* consacré à la culture et intitulé *Négritude et civilisation de l'universel.* Dans le même temps, la francophonie gagne du terrain sur le terrain politique. Le Québec a adopté la loi 101 destinée à renforcer le statut du français ; le 10 novembre 1978, l'assemblée générale des Nations unies reconnaît à l'ACCT le statut d'observateur, pendant que l'Association internationale des maires et responsables des capitales francophones s'apprête à voir le jour. Le président Senghor est réélu pour la cinquième fois.

1980-1983 Le 31 décembre 1980, Léopold Sédar Senghor quitte volontairement le pouvoir, au profit d'Abdou Diouf; il a soixante-quatorze ans. Il se consacre désormais à l'écriture. Il vit principalement en Normandie. En 1983 paraît *Liberté,* IV, consacré à ses études politiques sur le socialisme et la planification.

Deux drames intimes bouleversent ce début de décennie : en 1981, la mort accidentelle de son fils Philippe-Maguilen, puis en 1983 le suicide de l'un des deux enfants de son premier mariage, Guy.

1984 François Mitterrand crée le Haut Conseil de la francophonie. Léopold Sédar Senghor en est le vice-président.

L'écrivain est élu à l'Académie française, reçu par Edgar Faure. Vingt ans plus tard, c'est Valéry Giscard d'Estaing qui occupera la place vacante du défunt Senghor et prononcera le 16 décembre 2004 le traditionnel discours biographique sur son prédécesseur.

Création de la chaîne francophone TV5.

1986-1988 François Mitterrand réunit le 17 février 1986 à Versailles, en présence de Senghor, en sa qualité d'académicien, la première Conférence des chefs d'État et de gouvernement ayant en commun l'usage du français, suivie le 2 septembre du sommet de Québec qui décide d'instituer les jeux de la francophonie.

Jacques Chirac, chef du gouvernement, crée le ministère de la Francophonie. Par décision intergouvernementale, le 20 mars devient la Journée internationale de la francophonie.

1989 Abdou Diouf réunit à Dakar le troisième Sommet francophone. La question de la dette est centrale. La France annonce qu'elle renonce aux créances de trente-cinq États africains, soit environ l'équivalent de seize milliards de francs. La décision est prise d'installer à Alexandrie, en Égypte, l'université internationale Léopold-Sédar-Senghor.

1991 Tenue du sommet francophone dit de Chaillot le 19 novembre à la suite du refus de la France de l'organiser à Kinshasa sous le régime de Mobutu.

1992 Révision de la Constitution française. Désormais l'article premier stipule : « La langue de la République est le français. »

1993 Senghor publie *Liberté,* V, consacré au dialogue

103. Sommet francophone de Chaillot, 19 novembre 1991.

des cultures. Le Sommet de Maurice décide, le 16 octobre, de faire de l'« exception culturelle » un enjeu francophone et politique. Deux ans plus tard, au Sommet suivant, organisé à Cotonou, au Bénin, Jacques Chirac s'engage à faire des nouvelles technologies de l'information et de la communication un vecteur de développement de la francophonie.

1997 Les chefs d'État des pays francophones, réunis le 1er novembre à Hanoi, élisent Son Excellence M. Boutros Boutros-Ghali premier secrétaire général de la nouvelle Organisation internationale de la francophonie. Désormais la vocation politique et économique de la francophonie est affirmée.

1998 Le Belge Roger Dehaybe succède au Canadien Jean-Louis Roy à la tête de l'Agence intergouvernementale de la francophonie (ex ACCT).

1999 Un premier conseil des ministres des Finances des pays francophones se réunit le 14 avril à Monaco dans la perspective de constituer un front commun dans les négociations commerciales initiées par l'OMC. C'est également l'année du sommet de Moncton, au Nouveau-Brunswick. Il est essentiellement consacré à la jeunesse.

En décembre, Michèle Gendreau-Massaloux est nommée rectrice de l'Agence universitaire de la francophonie (ancienne AUPELF-UREF).

2001 Décès de Léopold Sédar Senghor, le 20 décembre, dans sa propriété normande de Verson. Ses funérailles se dérouleront à Dakar.

2002 La Conférence ministérielle de la francophonie

104. Neuvième sommet francophone, Beyrouth, 18 octobre 2002.

réunie le 11 janvier à Paris entérine le projet de réforme du Haut Conseil de la francophonie, jusque-là dirigé par Stélio Farandjis. Il sera désormais directement rattaché au secrétaire général de la francophonie et c'est Christian Valantin qui en prend la tête. Tenue le 18 octobre à Beyrouth du neuvième sommet consacré au dialogue des cultures. L'ancien chef d'État sénégalais Abdou Diouf, qui a quitté le pouvoir en 2000, succède à Boutros-Ghali à la tête de l'Organisation internationale de la francophonie. Roger Dehaybe est reconduit comme administrateur général de l'Agence intergouvernementale de la Francophonie.

56 pays représentant une population de 264 millions de personnes « ayant en partage le français » sont membres de l'OIF.

2004 TV5 est désormais captée par 160 millions de foyers dans le monde.

2005 La convention pour la diversité culturelle, initiée notamment par la France et le Canada, est votée à l'Unesco le 21 octobre par 148 pays contre 2 qui s'y sont opposés (États-Unis, Israël) et 4 qui se sont abstenus (Autralie, Nicaragua, Honduras et Liberia).

2006 Alors que le dixième Sommet francophone s'est tenu en 2004 à Ouagadougou sous le signe du développement durable, celui de Bucarest se prépare à accueillir le sien pendant l'année de la francophonie et de la commémoration du centenaire de la naissance de Léopold Sédar Senghor.

105. Senghor et son ami Césaire à Dakar, 1973. Au centre, André Guillabert, ancien ministre et ami de Senghor.

106. Jean-Michel Djian et Aimé Césaire, Fort-de-France, automne 2005.

RENCONTRE AVEC AIMÉ CÉSAIRE

Fort-de-France, automne 2005

Vous souvenez-vous, Aimé Césaire, de votre première rencontre avec Léopold Sédar Senghor ?

C'était, je crois, en septembre 1931. J'arrive en France pour entrer au lycée Louis-le-Grand. Je détiens, dans ma main, un petit mot de recommandation que mon professeur de philosophie, qui m'estimait beaucoup, m'avait confié. À l'époque, je n'aimais pas beaucoup les étudiants martiniquais. Ils étaient assez prétentieux et se prenaient pour des intellectuels distingués. J'étais, en revanche, au lycée de Fort-de-France, devenu très copain avec un petit jeune homme qui allait faire des études techniques en métropole. Il me dit : « Tiens, où vas-tu habiter à Paris ? » Moi, je dis : « Je ne sais pas encore. Et toi, où habites-tu ? – J'habite à Bagneux-Cachan. » Me voilà débarquant à Bagneux-Cachan, prenant tous les matins le train pour aller porte d'Orléans, puis le métro pour rejoindre la rue Saint-Jacques. J'arrive au lycée Louis-le-Grand. Je vais tout de suite chez le proviseur pour me faire inscrire. Très aimable et content, il me dit : « Très bien. C'est d'accord, je vous inscris » Je sors du secrétariat : je vois arriver un petit bonhomme, noir : de grosses lunettes, blouse grise comme en portaient les internes, avec à la ceinture une ficelle au bout de laquelle pendait un encrier vide (le stylo n'était pas si à la mode que ça). « D'où viens-tu ? Comment t'appelles-tu ? – Aimé Césaire, de Martinique. – Moi, Léopold Sédar Senghor, Sénégal. » Il me donne l'accolade et me dit : « Bizuth, tu seras mon bizuth. » Et bien, cela n'a l'air de rien, cette parole, très simple, mais c'est la vérité.

En arrivant en France, avant de prendre contact avec les Français, j'ai commencé par le faire avec l'Afrique ! Ce que je n'espérais pas. Je ne m'y attendais pas du tout. Et Senghor et moi, on est devenu copains comme cochons. On se voyait tous les jours. Il était en khâgne déjà, et moi en hypokhâgne. Il m'expliquait, il m'introduisait auprès des autres. Il était mon meilleur copain. Un jour, je me rappelle, il était à côté d'un très grand bonhomme aux cheveux bruns, et j'entends Senghor : « Aimé Césaire ! je te présente Georges Pompidou, mon copain de khâgne. » Voilà comment j'ai connu Pompidou. Senghor et moi, nous sommes restés très, très liés. Il se trouve que tous les jours nous parlions de quelque chose, nos sujets de conversation étaient inépuisables. Nous n'étions pas toujours d'accord évidemment, mais l'esprit fonctionnait à plein régime. Je découvrais en lui l'Afrique. Je lui expliquais vaguement les Antilles. C'était très important pour moi de lui dire d'où je venais.

Précisément. Revenons un moment, si vous le voulez bien, à votre enfance en Martinique...

C'était une époque de forte immigration, après l'abolition de l'esclavage. Évidemment, on cherchait de la main-d'œuvre à l'étranger. Or l'Inde avait passé contrat avec la France, et, à la Martinique, et plus encore à la Guadeloupe, il y avait une sorte d'invasion d'Indiens immigrés. En créole, on les appelait les Coolies. C'était des Tamouls. La peau noire, les cheveux comme vous les imaginez. À la maison, mon père me parlait beaucoup de ces gens, qu'il contribuait à administrer. Il exerçait le métier d'économe d'habitation dans une propriété où on faisait de la canne à sucre et du rhum. Il avait lui-même appris quelques mots de tamoul. J'ai toujours vécu dans cette atmosphère-là, ça me plaisait d'être avec des Indiens. On n'était évidemment pas très riches. Puis mon père a passé des examens, et a été reçu au concours des contributions. Il a été nommé à Basse-Pointe, autrement dit dans la commune où il avait travaillé comme économe d'habitation. Autre contexte.

Je fais donc mes études à l'école primaire, puis au lycée de Fort-de-France. Et, là, je rencontre Léon-Gontran Damas. J'étais déjà assez furieux contre les gens de notre époque, mais Damas l'était encore plus ! Alors, lui et moi, très révoltés contre les pratiques et les attitudes coloniales, on se met à écrire un journal. Invraisemblable, un journal ! C'était un projet, je ne me souviens plus comment il s'appelait, enfin il y avait déjà le mot « nègre » dedans. Puis Damas s'en retourne en Guyane, puis débarque en France, où je le vois de nouveau. C'est pour vous dire qu'il y a une inspiration qui allait dans le même sens. Nous parlions déjà de cela.

Vous voulez dire de la négritude ?

Oui, sans le savoir. Ce n'était pas formalisé. On parlait de l'esclavage. C'est à peu près toute ma vie intellectuelle : Basse-Pointe, le lycée Schœlcher, Léon-Gontran Damas. J'arrive en France, et dès le lendemain je ne vois pas un seul Français, je vois Senghor.

Vous avez eu un coup de foudre ?

Mais du premier coup ! Comme je vous l'ai dit, nous nous sommes mis à discuter. J'ai toujours été très frappé – d'où cela me vient ? je n'en sais rien –, hanté par l'Afrique. Nous sommes, Senghor et moi, devenus vraiment amis. Il adorait les lettres françaises, le latin, le grec. Moi aussi. Finalement nous parlions de toutes les civilisations. Nous étions très centrés sur la rencontre des civilisations. J'étais très curieux du Sénégal et de l'Afrique. Je savais bien qu'ils étaient des frères, mais personne ne me l'avait appris et surtout pas les livres. Alors on a parlé du passé de l'Afrique, j'ai parlé de la Martinique, du créole, de l'immigration, du monde colonial, de la France et nous. Et je voyais que, sur beaucoup de points, on se rencontrait. C'est ainsi qu'est née la négritude.

Senghor était-il aussi violent que vous sur la question coloniale ?

Non, pas du tout. C'est un homme qui était beaucoup plus calme, doux, plus serein que moi. J'avais honte, je me sentais nerveux. Après, j'ai compris pourquoi. On était fort bien ensemble. Mais nous n'avions pas les mêmes réactions ; on n'employait pas le même langage. Tout ce que je pensais, il le pensait. Mais différemment : « Ne t'en fais pas, on y arrivera ! », disait-il. Senghor était très bien avec les professeurs, il était très bien avec Pompidou. Il déclamait bel et bien. Mais il n'en pensait pas moins. Quant à moi, j'avais plutôt tendance à me fâcher. J'ai compris par la suite, c'est curieux. Je crois que c'était le résultat de la manière de vivre du Sénégal. Il me racontait comment les Français se comportaient, me décrivait les actions colonialistes qu'il réprouvait : « C'est incroyable, disais-je, il faut faire quelque chose. » Il me répondait : « Ne t'inquiète pas, cela va se calmer. » Il savait très bien qu'un jour les Français partiraient ; seulement il prenait son temps. Au fond, il les aimait, les Français, il aime beaucoup la littérature, Racine, Lamartine, Claudel, Péguy – comme moi d'ailleurs. Très tranquillement, il acceptait avec beaucoup de sérénité la « cohabitation » avec les Européens, tandis que moi je ne voyais pas d'issue à une telle situation. C'est une question de tempérament, une question d'homme.

Vous imaginiez, à ce moment-là, que Senghor ferait une grande carrière politique ?

Non. Car, à l'époque, il se contentait d'apprendre, de passer ses examens, d'être bien, fort bien avec le personnel et les professeurs de Louis-le-Grand. Il donnait l'impression d'un homme calme et doux. J'aime autant vous dire que ce n'était qu'une apparence car, encore une fois, je voyais qu'il ressentait aussi fortement que moi toutes les plaies du colonialisme.

Quelle réaction a-t-il eue, quand, plus tard, vous avez publié *Discours sur le colonialisme* ?

Lui, était complètement d'accord. Déjà au lycée Louis-le-Grand, nous échangions nos points de vue sur cette question, et je me suis rendu compte de la différence entre la situation antillaise et la situation africaine. Nous vivions autre chose. Senghor comprenait. En fait, nous nous épaulions.

Senghor aurait préféré le terme de « négrité » plutôt que celui de « négritude ». Mais, disait-il, « il faut rendre à Césaire ce qui

appartient à Césaire». La négritude est donc votre invention?

Non, ce n'est pas entièrement vrai. Nous l'avons inventé ensemble. Négritude, négrité... Est-ce qu'au fond négrité» n'est pas plus agressif que «négritude»? Négritude, solitude... C'est assez doux.

Quel rôle, quelle influence a eus Léon-Contran Damas dans la montée en puissance du concept de négritude?

Damas était un homme tout à fait différent de nous. C'était un Antillais guyanais. Il était plus près de moi que de Senghor. On sentait que, derrière Senghor, il y avait une vieille civilisation, dont il n'avait jamais douté. «Ils partiront», se disait-il en parlant des Blancs. Tandis que nous, nous étions des Nègres nés à bord du bateau, en colère, en révolte perpétuelle et, en même temps, infiniment plus faibles qu'eux. Nous étions des gens beaucoup plus nerveux, et le mode de vie y est pour quelque chose.

Quant à Damas, c'était un homme très bizarre. Il faut toujours tenir compte du milieu, des conditions dans lesquelles on a vécu. La Guyane, c'est le pays du bagne. Il était rageur et violent, mais il pouvait passer d'un ton à l'autre avec tellement de facilité. Il était très snob, bien habillé, cravaté, chapeau melon. Un jour je vais le voir... [Aimé Césaire prend un ouvrage sur son bureau et se met à déclamer un poème que Damas lui avait dédié, «Solde», extrait de *Pigments* :]

J'ai l'impression d'être ridicule
dans leurs souliers
dans leur smoking
dans leur plastron
dans leur faux-col
dans leur monocle
dans leur melon

J'ai l'impression d'être ridicule
avec mes orteils qui ne sont pas faits
pour transpirer du matin jusqu'au soir qui déshabille

avec l'emmaillotage qui m'affaiblit les membres
et enlève à mon corps sa beauté de cache-sexe

J'ai l'impression d'être ridicule
avec mon cou en cheminée d'usine
avec ces maux de tête qui cessent
chaque fois que je salue quelqu'un

J'ai l'impression d'être ridicule
dans leurs salons
dans leurs manières
dans leurs courbettes
dans leurs multiples besoins de singeries

J'ai l'impression d'être ridicule
avec tout ce qu'ils racontent
jusqu'à ce qu'ils vous servent l'après-midi
un peu d'eau chaude
et des gâteaux enrhumés

J'ai l'impression d'être ridicule
avec les théories qu'ils assaisonnent
au goût de leurs besoins
de leurs passions
de leurs instincts ouverts la nuit
en forme de paillasson

J'ai l'impression d'être ridicule
parmi eux complice
parmi eux souteneur
parmi eux égorgeur
les mains effroyablement rouges
du sang de leur ci-vi-li-sa-tion

[Lentement, Aimé Césaire repose l'ouvrage sur son bureau.] C'est bien notre jeunesse. Mais Damas avait très fort ce sentiment-là. Il vivait de cette civilisation, mais en même temps il y avait une sorte de rancune contre eux. Damas était un snob français. Il jouait au dandy. Mais ce dandy pouvait devenir furax. Cela ne l'empêchait pas de s'accommoder. Quand il fallait qu'il gagne sa vie, il faisait quelques articles pour le *Paris Presse*, le *France Soir* de l'époque. C'était un homme assez complexe.

Lorsque, député, vous avez voté, en mars 1946, la loi de départementalisation relative à l'Outre-Mer, Senghor vous a-t-il soutenu ?

Naturellement. Chacun cherchait un pacte, et comment s'en tirer. C'était presque des alliances que l'on passait. Mais le fond était très différent. Senghor est un homme opportuniste. J'étais « département français », mais Senghor savait que j'étais le Nègre profond. Je croyais déjà profondément à la négritude. Tout cela a commencé par la mairie de Fort-de-France. Un beau jour, le Parti communiste – je n'étais pas communiste mais j'étais un homme de gauche – me dit : « Césaire, après la guerre, il y aura des élections pour la première fois, on va faire une liste du Parti communiste, mais nous voulons une liste ouverte et non pas sectaire. Nous te demandons de figurer sur cette liste. C'est un signe d'ouverture. » Bon, une liste municipale... Je n'y connais rien, mais pour leur faire plaisir, j'accepte. Et, à ma grande surprise, je suis élu, et élu triomphalement. Qu'est-ce que c'est, cette histoire ? J'ai été élu et je me suis rendu compte que le langage que je leur tenais répondait à quelque chose de profond et qui parlait au peuple martiniquais. N'empêche, une fois élu, il a fallu poursuivre la route et se faire élire député. Bref, j'y vais. Mais quand je pars pour la France, en bateau évidemment, il y avait toujours quelqu'un pour me dire : « Césaire ! n'oublie pas. Reviens à la Martinique avec un statut pour la Martinique, un statut de département français. » Département français... Pour moi, c'était quelque chose de très choquant. Mais cela répondait bien au vœu profond du peuple martiniquais. J'avais fini par comprendre... Il y avait une telle misère, les bidonvilles, les salaires, la pauvreté dans les rues, les inégalités vraiment choquantes, et j'ai compris.

Vous avez compris que le combat serait différent, c'est cela ?

Assimilation = aliénation. Mais peu importe, les Martiniquais, comme le Parti communiste d'ailleurs, demandaient l'assimilation. Mais, au bout de trois, quatre, six mois à la tête de la municipalité, j'ai compris que le terme était impropre. C'est tout. C'était une manière de parler. Et eux-mêmes ne le savaient pas. Ce qu'ils demandaient en réalité, ce n'était pas l'assimilation, c'était l'égalité avec les colonisateurs. C'était ça, la vérité. Voilà ce que j'ai compris. C'est pourquoi j'ai accepté de jouer le jeu. Et, pour moi, c'était le jeu.

Vous souhaitiez pourtant que le peuple martiniquais prenne d'abord conscience de ses origines africaines, non ?

C'était la seule manière. Vous dites que je suis français, oui, je suis français, j'ai tel diplôme, tel examen... et pourquoi mon salaire n'est-il pas le même que celui de M. X qui occupe les mêmes fonctions que moi ? Donnez-moi le salaire de Paris ! Donnez-moi les congés payés ! Donnez moi les lois sociales... ! C'est à cela qu'en réalité aspirait le peuple martiniquais. Comment pouvait-on refuser cela ? Pour eux, c'était le seul moyen de s'en sortir. J'ai très vite compris que c'était l'urgence parce que le niveau de vie était très bas. Mais je savais aussi que tôt ou tard un problème allait apparaître, je le sentais. C'est celui de l'identité : la résurrection de l'identité martiniquaise. Et avec Senghor, je l'ai senti encore plus. Une fois que vous dites « identité martiniquaise », « identité antillaise », vous retournez à l'Afrique.

Sur cette question identitaire, les choses ont-elles beaucoup changé en Martinique ces cinquante dernières années ?

Mais bien sûr ! Cela n'a pas été très facile. C'est là que l'on voit toute la duplicité de la politique. Quand j'ai demandé que la Martinique soit reconnue département français afin que nous bénéficiions des mêmes salaires ou des mêmes lois sociales que les Français, qu'ai-je rencontré comme résistance ? Les Français. Les Français n'avaient aucune envie d'avoir un département nouveau. Mais pourquoi ? Ils savaient très bien ce que cela impliquait. Ils n'osaient pas le dire. Je les ai pris au piège. Nous sommes français? Eh bien, nous sommes français, d'accord, allons-y... Ils ont été extrêmement maladroits. Jusqu'au jour où j'ai dit aux Martiniquais : « Vous voyez-bien, vous n'êtes pas des Français, ils ne vous considèrent pas comme tels, vous êtes des Nègres, vous avez une histoire, nous avons une civilisation, il faut la revendiquer. » Mais c'est toujours difficile de trouver un juste équilibre.

Dans l'immédiat, il faut emmener l'homme antillais à prendre ses responsabilités devant l'Histoire. Il faut non pas simplement dire : « Victime, victime! », mais choisir son destin.

Vous avez toujours dit que la négritude était un combat culturel et non pas politique. Le pensez-vous toujours?

C'est vrai. Mais il n'est pas facile de faire en sorte que l'un n'influence pas l'autre. Senghor a dit la même chose que moi. Mais il y a des conditions et de contextes locaux très différents, dont il faut tenir compte.

Vous avez en commun avec Senghor une véritable passion pour la langue française...

Oui, c'est certain! À la Martinique, on ne lit que le français. Je lisais tous les écrivains. Déjà, très jeune, mon père m'avait fait aimer Alexandre Dumas, qu'il adorait. Je me suis plongé ensuite dans Corneille, Racine, Hugo, Pascal, les écrivains du XVIIIe siècle. Je les aimais. J'aimais leurs mots. J'avais fait assez de latin pour comprendre leur subtilité. Et Senghor adorait d'ailleurs la phonétique, la philologie – comment se fabrique une langue, historiquement. Je l'applique au créole. Notre gaulois, c'est le créole. Et notre créole m'intéressait beaucoup. Pourquoi et comment les nègres d'Afrique l'ont-ils inventé? Ils viennent de Côte-d'Ivoire, ils viennent du Congo, ils ne se comprennent même pas. Ils arrivent avec des maîtres blancs le fouet à la main qui leur parlent et leur donnent des ordres. Inévitablement la « cohabitation » entraîne un minimum de violence verbale. Des mots jaillissent qui viennent du for intérieur. Au fur et à mesure une langue finit par naître. La plupart des mots en Martinique sont d'origine française. Le créole c'est le français appréhendé par des oreilles africaines et rendu par des gosiers africains, avec des mots assemblés selon les règles de la phonétique et de la philologie africaines. Oui, c'est ça. Que voulez-vous… Comment est né le français, comment est né le gaulois ? N'est-ce pas pareil ?

Senghor, président du Sénégal, a consacré trente pour cent du budget de son pays à l'éducation. Il voulait que les jeunes sénégalais maîtrisent parfaitement le français, tout en s'enracinant dans leur culture d'origine. La réalité est aujourd'hui bien différente, inquiétante même…

C'est un de nos problèmes. Quelle langue devons-nous parler, comment se font les langues, historiquement ? Nous sommes bilingues naturellement, en quoi ça me gêne ? Nous sommes bilingues, encore faut-il le savoir. Nous sommes bilingues, j'accepte le français ; mais j'ai beau accepter la langue française, je ne veux pas accepter tout ce qui est français. C'est un des traits de la civilisation moderne que de tout mélanger. Je ne méprise pas pour autant le créole. Je situe le créole d'où il vient, je peux imaginer où il va. En tout cas, j'essaie d'abord de le comprendre. Les mots sont d'origine française et sont déformés selon les lois implacables de la phonétique africaine. Comme un mot latin devient un mot gaulois et non latin. Ils sont assemblés. Je me suis rendu compte avec le temps que ces mots français déformés sont réunis entre eux et gouvernés entre eux par une syntaxe très particulière, qui n'est pas française du tout. C'est tout simplement africain, les Martiniquais ne le savent pas. Les mots, la chair peuvent être blancs, l'âme est africaine. C'est un à-peu-près, mais c'est ce que je pense.

La « civilisation de l'universel » prônée par Senghor est-elle toujours à l'ordre du jour ?

La force de Senghor a été de tirer le meilleur parti des enseignements grec et latin pour inventer un projet fraternel pour les humains. Nous avons, aujourd'hui, abandonné ce principe d'application des savoirs.

C'est regrettable. Lui comme moi, on ne s'est jamais avoué vaincus. Nous sommes petits, nous sommes faibles, nous représentons chacun des peuples ou des nations, nous avons nos qualités et nos défauts, mais nous avons une tradition, une histoire. Chacun de nous doit savoir d'où il vient. C'est, cela la culture. Tous les hommes ont une forme de culture, les Africains comme les Slaves. Mais c'est quoi, la culture ? C'est ce que les hommes ont inventé pour rendre la vie « vivable » et la mort supportable.

Senghor et moi pensons que les hommes, sans nécessairement le savoir, sont solidaires. C'est pour cette raison que les civilisations existent, que des groupes de gens se ressemblent et finissent par faire unité. Ce sont ces unités qui ont le droit à la vie, comme tout le monde. Mais la civilisation universelle, ce n'est pas la domination d'une nation sur les autres nations, c'est la reconnaissance de toutes les spécificités dans une fraternité obligée. C'est autre chose que la diversité culturelle ! C'est comme ça que nous le comprenions.

Quel jugement portez-vous sur la classe politique en général et la manière de faire œuvre d'éducation ?

L'impérialisme existe toujours. Toutes les nations civilisées veulent prendre possession du monde et l'organiser à leur manière. À l'école c'était : « Nos ancêtres les Gaulois avaient les cheveux blonds et les yeux bleus... – Espèce de petit couillon ! qu'est-ce que tu racontes-là ? – Mais regarde, c'est ce qui est écrit dans le livre. – Espèce de couillon. Ce n'est pas le livre qu'il faut regarder, regarde-toi dans la glace. Tu ne te rends pas compte que le livre n'a pas été fait pour toi. »

Je n'ai pas appris à être rebelle à l'école ! C'est ma nature. Le résultat est le même, il faut se rebeller, comme hier, contre les formes sournoises de domination. C'est pour cela qu'il faut apprendre à comprendre, approfondir la connaissance. Penser.

Revenons à Senghor. Dans les années quatre-vingt, Senghor modifie son plan de combat ; il laisse un peu de côté la négritude et se bat pour la francophonie.

Ce n'est pas contradictoire chez Senghor. Déjà au lycée, on n'arrivait pas toujours à savoir ce qu'il pensait. Il respectait tellement les conventions que certains étaient persuadés que Senghor était un lâche. Il n'a jamais été question de cela. Ce n'est pas du tout vrai. C'est un homme posé et réfléchi. Il respecte les conventions, mais, comme je l'ai dit, n'en pense pas moins.

Pourquoi aviez-vous des réserves sur cette grande idée de francophonie ?

C'était un acte de colonialisme, tout simplement. Cela m'est apparu comme un acte politique, presque une forme d'impérialisme, la francophonie. « Ferme ta gueule, toi qui viens de Dakar ! Ferme ta gueule, toi qui viens des Antilles ! Ferme ta gueule, toi qui viens du Gabon ! » Je n'étais pas du tout anti-français. J'étais contre une forme d'expansionnisme linguistique, ce qui signifiait la mort des cultures spécifiques.

Vous avez toujours la même opinion, trente ans après ?

Je suis très lié à la France. J'ai appris à lire en français, à écrire en français, à penser en français. Mais il faut en finir avec la francophonie du XIXe siècle. « Le français partout et on est sauvés ! » Non ce n'est pas de cela que nous avons besoin. Il y a bien trop de cultures à protéger. Parlons plutôt de francophonies au pluriel.

Que pensez-vous de la notion de diversité culturelle ?

Je ne sais pas. Je suis pour la reconnaissance des peuples, des nations. Un point c'est tout.

La négritude est-elle toujours un combat, votre combat ?

Ce sont des questions personnelles. Il ne faut pas croire que je suis pour la négritude contre la diversité culturelle. Je n'ai jamais étranglé les Blancs… Je suis un Nègre, les Nègres sont les Nègres, nous avons nos mœurs, nos habitudes, nos traditions ; je n'ai jamais renié mes ancêtres.

Il me revient un souvenir : je marche sur le trottoir de la rue Saint-Jacques quand un étudiant m'interpelle : « Ah ! Césaire, je suis content de te voir. Je t'aime bien ; c'est bien ce que tu fais. Mais il y a une chose que je te reproche : pourquoi parles-tu comme ça de l'Afrique ? » Je le regarde. Il me dit : « Mais c'est une bande de sauvages ! Il ne faut pas s'occuper de cela. » Voilà ce que le type m'a dit. Accepter un tel langage d'un autre ? Non, ce n'est pas possible.

Quand le secrétaire général de la Francophonie Abdou Diouf est venu vous rencontrer en Martinique en cette année 2005, il disait souhaiter qu'on ne considère pas la francophonie comme un bloc monolithique. C'est votre avis ?

Exactement. Je suis d'accord. Je sais que nous avons une personnalité que nous devons affirmer. Quel français va-t-on parler ? Oui, d'accord, parler français. Mais je sais que ce que j'exprime n'est pas forcément ce que le Français à côté de moi pense, ni ce qu'il sent, ni ce qu'il ressent. Il existe des francophonies. Et, au fond, c'est très bien comme ça. C'est ce qui fait la richesse d'une civilisation, non ?

Êtes-vous toujours rebelle à toute forme d'engagement institutionnel ?

Oui. Je voudrais être totalement libre. Voyez-vous, quand j'ai, comme beaucoup d'intellectuels, quitté le Parti communiste, en 1956, et que j'ai fondé le Parti progressiste martiniquais, c'était pour être libre. Maintenant, j'aspire depuis longtemps à ce que d'autres prennent la relève. C'est normal. La négritude, c'est pareil. Ce n'était pas un parti mais un mouvement de lutte, de prise de conscience, de fraternité. Les nouvelles générations ont d'autres combats, d'autres manières de s'exprimer. J'ai failli à un certain moment, c'est vrai, succomber au charme du mouvement surréaliste. Ou plutôt d'André Breton. C'était au moment où j'ai eu la chance de le rencontrer, pendant la guerre. Vu l'atmosphère qui régnait en France, Breton allait aux États-Unis. En passant par la Martinique, en 1941, je crois, il voit dans la vitrine d'un petit magasin de Fort-de-France une revue, un texte. Breton demande quel est l'auteur. Il cherche, et finit par me trouver. Il me dit qu'il n'en revient pas de ce qu'il a lu, comment cela l'a touché, comment cela l'a remué. J'étais très content, évidemment, très flatté.

Et pourtant vous n'avez jamais revendiqué d'appartenir au mouvement surréaliste.

Non, je me tenais sur mes gardes. J'ai craint de devenir un disciple. Et puis aussi parce que c'est un mouvement trop français. Il a droit à mon respect et je sais ce qu'il m'a apporté. Le surréalisme m'a appris à lire au fond de moi-même, à me connaître moi-même, à essayer de me saisir moi-même, de saisir mon moi profond, et ce n'était pas facile. Je n'ai pas dit que j'ai réussi, mais c'était ça, l'effort. Et Breton a eu ce vrai talent de révélation. En fait, je faisais du surréalisme sans le savoir.

Gardez-vous des souvenirs précis de la venue de Senghor à Fort-de-France en 1976 ?

Senghor vient à la Martinique, persuadé que j'étais au courant de sa visite. En fait, personne ne me disait rien du tout, parce que, à cette époque, j'étais infréquentable. J'étais maire et, pour tout vous dire, les ministres ne venaient pas à la mairie de Fort-de-France. Je me rappelle que c'était un certain Olivier Stirn, un sous-ministre de la Coopération de Giscard, qui l'avait invité à venir s'installer à la préfecture. Senghor, président en exercice du Sénégal, apprend que je ne sais rien de sa venue. Il me téléphone et me dit : « Aimé, comment veux-tu que je vienne en Martinique sans venir te voir ? Le gouvernement français fait tout pour que je ne te rencontre pas. Non seulement je viens, mais je te propose de faire jouer ta *Tragédie du roi Christophe* par ma troupe nationale. » On ne m'avait jamais joué en Martinique ! C'est pour vous dire ! C'est bien simple, à la radio, à la télévision, je n'existais pas. Évidemment, quand Senghor propose de jouer ma pièce, je suis tellement heureux que je réponds : « Oui, oui, oui, j'ai une scène ! » En réalité, c'était de la terre battue. Il suffisait que j'aménage rapidement quelque chose. Mais ça, c'est un détail. Eh bien, le préfet de la Martinique (et ce n'était pas le plus mauvais qu'on ait connu) a refusé aux acteurs de la troupe le visa d'entrée afin qu'on ne joue pas la pièce. Mon secrétariat en informe de suite Dakar. Senghor décide, alors, de créer un incident diplomatique. Il annonce qu'il n'ira pas en Martinique si ses concitoyens n'obtiennent pas de visa. Aussitôt, ils donnent le visa. La préfecture croyait qu'ils pouvaient disposer de Senghor et l'utiliser contre moi. On a renversé la situation et Senghor a même tenu une conférence sur la négritude, pour le principe.

Je n'ai jamais douté de la fidélité de Senghor, de son amitié. Tiens, je me rappelle lui avoir adressé un petit mot pour ses quatre-vingt-quinze ans…

Quel message voudriez-vous adresser aux jeunes aujourd'hui ?

J'essaie de comprendre dans quelle situation ils sont. Et, s'agissant d'un monde plus juste, la bataille n'est pas du tout perdue. Il faut seulement apprendre à se parler. Il y a toujours eu, aussi loin que je remonte, des gens qui ont travaillé pour le respect des êtres humains et d'autres qui ont travaillé contre. L'humanisme n'a rien de ringard, c'est une valeur. Surtout en Afrique, surtout chez les jeunes. Nous avons lutté pour la décolonisation et nous retrouvons une Afrique divisée, un nouveau tribalisme. Ce n'est pas douloureux, ça? Quand je constate que les droits de l'homme régressent, je suis, comme beaucoup, accablé. Malgré tout, je garde confiance et refuse de désespérer.

Avez-vous toujours envie d'écrire ?

Je suis pris par toutes sortes d'occupations et m'efforce malgré mes quatre-vingt-douze ans de venir chaque matin dans cette mairie que j'ai dirigée pendant tant d'années. Mais, ce qui m'importe, je vais vous le dire, c'est de penser. Écrire, oui. Je prends souvent des notes que je laisse traîner dans mes poches. Un jour, ça sortira.

Propos recueillis par Jean-Michel Djian

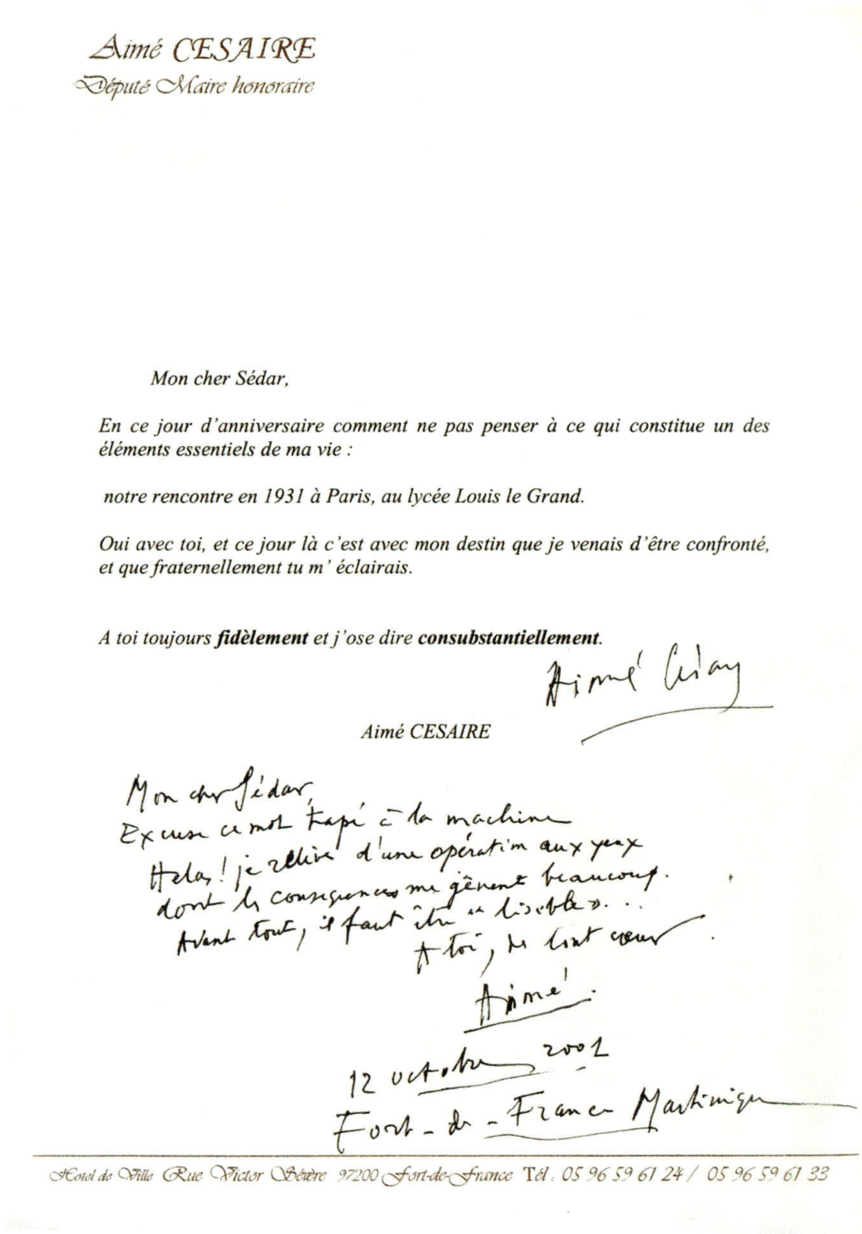

Aimé CESAIRE
Député Maire honoraire

Mon cher Sédar,

En ce jour d'anniversaire comment ne pas penser à ce qui constitue un des éléments essentiels de ma vie :

notre rencontre en 1931 à Paris, au lycée Louis le Grand.

Oui avec toi, et ce jour là c'est avec mon destin que je venais d'être confronté, et que fraternellement tu m' éclairais.

A toi toujours **fidèlement** et j'ose dire **consubstantiellement**.

Aimé Césaire

Aimé CESAIRE

Mon cher Sédar,
Excuse ce mot tapé à la machine
Hélas ! je relève d'une opération aux yeux
dont les conséquences me gênent beaucoup.
Avant tout, il faut être lisible...
A toi, de tout cœur.
Aimé
12 octobre 2001
Fort-de-France Martinique

Hôtel de Ville Rue Victor Sévère 97200 Fort-de-France Tél. 05 96 59 61 24 / 05 96 59 61 33

107. Lettre d'Aimé Césaire à Senghor pour ses quatre-vingt-quinze ans, Fort-de-France, 12 octobre 2001.

DISCOURS PRONONCÉ PAR AIMÉ CÉSAIRE EN L'HONNEUR DE LA VISITE DE LÉOPOLD SÉDAR SENGHOR À LA MARTINIQUE

Mairie de Fort-de-France, 13 février 1976

Monsieur le Président,

Le projet de ce voyage, nous en parlions il y a quarante ans – je m'en souviens – dans une grise cour de lycée parisien, et le voici, de par votre volonté, devenu réalité.

Et c'est cette réalité qui me vaut, aujourd'hui, d'accueillir ici, à l'hôtel de ville de Fort-de-France, en votre personne, le messager d'un continent fraternel, l'ambassadeur prestigieux du peuple noir, et – peut-être d'ailleurs est-ce par là qu'il aurait fallu commencer – le premier chef d'État africain à fouler le sol de notre pays.

Le premier, ai-je dit.

Pas tout à fait !

Les Martiniquais ont gardé le souvenir d'un autre. C'était le 30 mars 1894. Ce jour-là, à Fort-de-France, mettait pied à terre le roi du Dahomey, Boiadjéré Bouvelé Behanzin.

Monsieur le Président, vous avez récade bicéphale : « Gueule de lion et sourire du sage. »

Est-ce à ce sourire et à cette sagesse que vous avez dû d'échapper au péril de l'Histoire et de la dominer ? Peut-être ! Behanzin, lui, n'eut pas ce bonheur. Il avait pour récade : « Le requin qui se joue de la barre. »

Mais la houle avait pris avantage sur lui et l'avait emporté, lui et son royaume. Et c'est en vaincu, en roi déchu, en symbole de l'Afrique conquise qu'il nous arrivait.

Et voici qu'aujourd'hui, quatre-vingt-deux ans après, nous vous accueillons et, en votre personne, l'Afrique, mais une Afrique tout autre, l'Afrique rétablie dans son droit et dans sa dignité, l'Afrique maîtresse de ses destinées, l'Afrique libre…

Événement considérable puisqu'il nous permet, aujourd'hui, de célébrer dans la fierté, dans le respect et dans la gratitude, les retrouvailles émouvantes, moins de deux mondes et de deux continents, comme on l'a dit, que de deux membres d'une même famille que la violence avait, depuis trois siècles, séparés.

Je ne vous ferai pas ou ne vous referai pas l'histoire des Antilles, pas plus que je n'essaierai d'en dessiner le profil psychologique. Qu'il me suffise de dire que, s'il est vrai que les Antilles sont à l'intersection de deux mondes également responsables de leur naissance, le monde européen et le monde africain, il n'en reste pas moins que, du fait des institutions et de leur dynamique, une seule partie de notre ascendance a été privilégiée et magnifiée; une seule partie de nous-mêmes revendiquée et développée, et, cela, jusqu'à la caricature, une seule partie, et sans doute la plus superficielle, retenue quand le reste était sacrifié et passé sous silence. C'est d'une mutilation historique qu'il s'agit, si bien que, si le mot « aliénation » a un sens, c'est ici qu'il le prend plus que partout ailleurs : une culture d'emprunt, une personnalité d'emprunt, un comportement répressif à l'égard d'une nature non assumée.

Eh bien, c'est tout cela qui permet de comprendre ce qu'aujourd'hui nous attendons de ce voyage et de l'Afrique; ce que nous attendons tout particulièrement du Sénégal, de votre Sénégal : qu'il nous apprenne à revaloriser une partie de notre patrimoine tombé en déshérence; qu'il nous réenseigne le goût de nous-mêmes; qu'il nous apprenne à réconcilier nature et culture et qu'il nous fasse comprendre que la culture ne peut pas être la négation de la nature, qu'elle n'en est que l'épanouissement et la stylisation.

En fait, nous sommes des isolés et des hommes sans dialogue.

Nous n'avons pas de dialogue avec l'Europe, car l'Europe, du haut de sa culture prestigieuse, ne dialogue pas : elle soliloque.

Et c'est ce soliloque que, depuis trois siècles, nous avons été habitués à écouter passivement.

Aujourd'hui, si nous voulons enfin entrer dans l'âge du dialogue et naître au dialogue, le dialogue doit être d'abord avec nous-mêmes et, à ce dialogue fondamental, nul ne peut mieux nous préparer que l'Afrique, notre Mère.

Et puis, monsieur le Président, je suis heureux de vous accueillir pour une autre raison : c'est que, voyez-vous, il n'est pas indifférent, et il s'en faut de beaucoup, que l'ambassadeur que nous recevons aujourd'hui s'appelle Léopold Sédar Senghor et soit un poète de renommée mondiale.

Oui, un poète ! car c'est bien à cette définition qu'il faut avoir recours si l'on veut cerner au plus près le Senghor essentiel : d'ailleurs, vous ne laissez à nul autre le soin de vous présenter : vous le faites vous-même dans votre « Élégie des eaux » :

Seigneur, vous m'avez fait maître-de-langue
Moi, le fils du traitant
Vous m'avez accordé puissance de parole.

Maître-de-langue ! Belle définition du poète, mais en vérité partielle et que vous compléteriez vous-même peut-être en le qualifiant supplémentairement de sourcier du royaume d'enfance :

Je ne sais en quel temps c'était,
– Je confonds toujours l'enfance et l'Éden
Comme je mêle la Mort et la Vie –
Un pont de douceur les relie.

Mais, à vrai dire, je me demande si vous êtes jamais sorti tout à fait du royaume merveilleux, et si votre grande force n'est pas de n'avoir jamais été tout à fait, comme dirait Claudel, « divisé de l'abondant corps maternel ».

Il va de soi que, quand je parle du corps maternel, il faut l'entendre au sens large, toutes choses vitales pour l'homme : je veux parler de la terre, du sang, de l'ancêtre, toutes choses vitales, toutes choses consubstantielles à l'homme et qui tissent le délicat tissu dont est faite la part mystérieuse de sa vie.

Dès lors que l'on a compris cela, de poème en poème, on saisit la logique et on suit la continuité.

On comprend que ce soit Léopold Sédar Senghor qui écrive :

Ma noblesse est de vivre, Princesse,
Selon cette terre
Comme le riz, l'igname, la palme et le palétuvier,
L'ancêtre lamantin et l'ancêtre crocodile.

On comprend que ce soit lui qui écrive « Le Totem ».

Il me faut le cacher au plus intime de mes veines
L'ancêtre
Mon animal gardien
Il est mon sang fidèle qui requiert fidélité
Protégeant mon orgueil nu
Contre moi-même et la superbe des races heureuses.

Et l'on comprend aussi que ce soit le même homme qui déplore et décrit comme la pire des dérélictions l'exil :

Et cet autre Exil plus dur à mon cœur
L'arrachement de soi à soi
À la langue de ma mère, au crâne de l'Ancêtre
Au tam-tam de mon âme...

Et cela nous amène, tout naturellement, à votre culte du sang, mémoire de l'espèce et du groupe :

Me poursuit mon sang noir
À travers foule

Jusqu'à la clairière où dort la nuit blanche.

J'entends d'ici les ricanements : poète de l'enfance. Mais qu'avons-nous donc à faire de l'enfance ? Qu'avons-nous à faire de l'idylle ou de l'élégie ?

Mais les ricaneurs ont tort, car la reconquête du royaume d'enfance n'est pas l'élégie que l'on croit...

Demandez-le aux utopistes, aux croyants de l'âge d'or, aux forcenés de l'espoir... C'est eux que l'on trouve, et d'abord, pionniers des grands bouleversements et des grands aménagements du monde.

Qu'on y prenne garde ! En installant une contradiction entre le présent, d'une part, et le royaume d'enfance, d'autre part, vous vous condamnez à chercher une solution qui ne peut être, malgré votre sens de la mesure, que la *révolution,* car, il n'y a pas d'autre dépassement de la contradiction que vous sentez entre l'existant du vécu et le merveilleux de la vie, un instant entr'aperçu.

La conséquence, monsieur le Président, est que ce que vous appelez le *prétemps du monde* ne peut guère être, si on y fait attention, que ce que nous appelons, nous, le *printemps des peuples.*

C'est sans doute pourquoi votre poésie n'est pas, comme on l'a cru, de passéisme élégique, mais aussi de virilité, d'appel à l'action et de pressentiment de l'avenir.

Et de fait, j'ai toujours été frappé de voir que, chez vous, c'est le même bâton de coudrier qui fait sourdre les eaux de l'enfance et fait jaillir les grandes eaux de l'avenir, car telle est bien, en définitive, la mission du poète :

Il m'a suffi de nommer les choses
Les éléments de mon univers enfantin
Pour prophétiser la Cité de demain
Qui renaîtra des cendres de l'ancienne.

Eh bien, parce que vous êtes le poète que j'ai dit, et précisément ce poète-là, et que les très fragiles Antilles, mortelles comme toutes les civilisations, sont désormais en péril, et ont besoin, pour retrouver jouvence et assurance, de retourner à leurs sources, comme vont les lamantins que vous chantez « s'abreuver à la fontaine de Simal », je vous salue, poète, maître de parole puissante, sans doute, mais aussi, dépositaire de jouvence, des salvatrices valeurs fondamentales, celles-là mêmes dont les Antilles ont besoin pour faire face au destin qui les menace.

Et puis, monsieur le Président, permettez-moi de le dire, plus encore que le président, plus encore que l'écrivain, j'accueille ici, et très simplement, l'ami.

Ami, je crois que nous le fûmes du premier jour où nous nous rencontrâmes.

C'était, je m'en souviens, par un jour de l'automne parisien. Le décor : la montante rue Saint-Jacques et l'austère bâtisse du lycée Louis-le-Grand.

Je suis débarqué, il y a à peine quinze jours, de mon île natale et viens m'inscrire dans cette classe préparatoire que dans notre jargon nous appelions l'hypokhâgne ; un peu perdu, un peu ahuri dans ce milieu sévère, voire rébarbatif.

Et puis, tout à coup, le monde s'éclaire comme d'un sourire, un jeune homme vient à moi, c'est un Africain, un Sénégalais. Il vient avec toute l'aisance d'un ancien de la maison. Au moins, me disais-je, celui-là, c'est un « carré » ou un « cube ». Nul besoin d'attendrir ce « carré » ou ce « cube », il me tend la main, me prend par les épaules, et, de sa voix d'une très particulière mélodie, me dit : « Alors, mon frère, d'où viens-tu ? »

Vous avez deviné que mon interlocuteur s'appelait Léopold Sédar Senghor, et qu'il fut mon cicérone dans le labyrinthe du savoir et de la montagne Sainte-Geneviève.

Et, depuis, et cela pendant quarante ans, Léopold Sédar Senghor et moi, nous avons vécu, si je puis dire, parallèlement, nous quittant souvent, ainsi va la vie, mais sans pour autant jamais nous séparer.

Et comment l'aurions-nous pu? Nos adolescences s'étaient confondues. Nous avions lu les mêmes livres, et souvent le même exemplaire; partagé les mêmes rêves; aimé les mêmes poètes. Nous avions été étreints par les mêmes angoisses et surtout nous nous étions colletés avec les mêmes problèmes. C'est vrai, monsieur le Président, notre jeunesse ne fut pas banale. Traversée, elle l'a été, comme d'un trait de feu par la passion qui finit par l'embraser tout entière, et par l'angoisse d'une question, celle-là même qui tourmentait Augustin : «*quis sum; quae natura!*» Qui suis-je? quelle est ma nature? «*Et mihi questio fui*» – et nous devînmes question à nous-mêmes.

Ah, il ne s'agissait pas de métaphysique, mais d'une vie à vivre, d'un péril à courir, d'une éthique à fonder, et de communautés d'hommes à sauver.

À cette question, nous tâchâmes, vous et moi, de répondre...

Et ce fut la négritude...

Je n'en parlerai pas aujourd'hui, vous l'évoquerez demain dans votre conférence, et mieux que moi.

Mais, je tiens, dès aujourd'hui, à dire que seules les âmes basses peuvent en parler bassement; que notre réponse à la question la plus angoissante qu'un homme puisse se poser fut noble – comme sont toujours nobles le souvenir têtu des droits abolis, la revendication de biens tombés en déshérence, les royaumes perdus, villes d'Ys ou Zimbabwé de la mémoire – comme sont toujours nobles, oh combien, et pathétiques, la revitalisation de fraternités oubliées et la vaste solidarité de ceux que l'Histoire violenta.

Alors, monsieur le Président et ami très cher,

au nom de ce passé où brûle encore le tison que nous allumâmes il y a quarante ans,

au nom du présent où se poursuit notre quête tâtonnante et parfois désespérée,

au nom de l'avenir qu'il est de la mission du poète de pressentir, et qui ne peut être que l'éveil des peuples,

soyez le bienvenu dans ce pays plus que frère.

INDICATIONS BIBLIOGRAPHIQUES

La majeure partie de l'œuvre de Léopold Sédar Senghor est publiée aux Éditions du Seuil. Ses poésies sont disponibles en un volume (*Œuvre poétique*, coll. « Points/Essais », n° 210) ; ses essais et propos sont réunis en cinq volumes sous la dénomination commune *Liberté* : *Négritude et humanisme*, I, 1964 ; *Nation et voie africaine du socialisme*, II, 1971 ; *Négritude et civilisation de l'universel*, III, 1977 ; *Socialisme et planification*, IV, 1983 ; *Le Dialogue des cultures*, V, 1993. À noter également, son essai autobiographique, *Ce que je crois*, Grasset, 1988.

Sur l'auteur et son œuvre, on consultera en priorité :

Léopold Sédar Senghor : Africanité – Universalité, actes de colloque, sous la direction de Jacques Girault et Bernard Lecherbonnier, propos de Stélio Farandjis, université de Paris XIII-L'Harmattan, 2003.

Hommage à Léopold Sédar Senghor, textes réunis par Max Yves Brandily, Éditions du PhotoPhore, Maisonneuve & Larose, 2002.

Hommage à Léopold Sédar Senghor, homme de culture, Présence africaine, numéro spécial, octobre 1976.

Léopold Sédar Senghor : bibliographie, Bureau de documentation de la présidence de la République, Dakar, Fondation Léopold-Sédar-Senghor, 1982.

Léopold Sédar Senghor, colloque de Cerisy, Sud, 1987.

Léopold Sédar Senghor et la revue « Présence africaine », Éditions Présence africaine, 1996.

Léopold Sédar Senghor, le poète président, DVD, Jériko, 1999.

Léopold Sédar Senghor, son œuvre et ses amis poètes, peintres et graveurs, Bibliothèque nationale du Luxembourg, 1983.

Soleil, numéro spécial pour le quatre-vingt-dixième anniversaire de Léopold Sédar Senghor, octobre 1996.

Les Voix de l'écriture. Léopold Sédar Senghor, itinéraire d'un humaniste, itinéraire d'un chef d'État, rencontre avec Édouard Maunick, 3 CD, RFI-Radio Sénégal, distribution Unesco, 1993.

AZIZA, Mohamed, *Léopold Sédar Senghor, la poésie de l'action* [entretiens], Stock, 1980 (« Les Grands Leaders »).

BADIOU, Alain, *La Poésie de Senghor*, Vin nouveau, 1957.

BIONDI, Jean-Pierre, *Senghor ou la tentation de l'universel*, Denoël, 1993 (« L'Aventure coloniale de la France »).

GUIBERT, Armand. *Léopold Sédar Senghor*, Seghers, 1961 (« Poètes d'aujourd'hui »).

Léopold Sédar Senghor, l'homme et l'œuvre, Présence africaine, 1962.

HYMANS, Jack-Louis, *L'Élaboration de la pensée de L.S. Senghor, esquisse d'un itinéraire intellectuel*, Fondation des sciences politiques, 1964.

LEBAUD-KANE, Geneviève, *Senghor ou la poésie du royaume d'enfance*, Dakar, Nouvelles Éditions africaines, 1976.

LEUSSE, Hubert de, *Léopold Sédar Senghor, l'Africain*, Hatier, 1967.

MILCENT, Ernest et SORDET, Monique, *Léopold Sédar Senghor et la naissance de l'Afrique moderne*, préface de Georges Pompidou, Seghers, 1969.

ROUS, Jean, *Léopold Sédar Senghor, un président de l'Afrique nouvelle*, John Didier, 1967.

SOREL, Jacqueline, *Léopold Sédar Senghor. L'émotion et la raison*, Sepia, 1995.

VAILLANT, Janet G., *Black, French and African. A Life of Léopold Sédar Senghor*, Harvard University Press, 1990.

VENEV, Yvan Dimitrov, *La Première Bibliographie mondiale de Léopold Sédar Senghor, membre de l'Académie française, 1943-1995*, Paris, Yvan Venev, 1999.

TABLE DES ILLUSTRATIONS

Dactylographie originale. Coll. particulière.

36. Violences dans les rues de Francfort lors de la remise du prix de la Paix à Senghor, 22 septembre 1968. © Collection Roger-Viollet.

37. Senghor dans sa demeure de Verson, en Basse-Normandie, années 1980. © Micheline Pelletier.

38-39. « Chant pour Jackie Thompson. *Championne du cent mètres dames* », manuscrit autographe daté de Dakar, le 5 août 1973. BNF, Paris, Fonds L.S. Senghor. © Succession L.S. Senghor.

40. Le poète-président parmi les blés, en Normandie. Coll. particulière.

41. Sacs d'arachide avant expédition, Ziguinchor (Sénégal), années 1970. © Collection Roger-Viollet.

42 et 43. Entre Normandie et Sénégal... Échange de courriers entre Senghor et Jean Collin, secrétaire général de la présidence de la République sénégalaise, au sujet de la délégation de pouvoir en l'absence du président, août 1962. Coll. particulière.

44. Méditations antiques dans un jardin normand. Verson, septembre 1982. © Keystone.

45. Senghor et ses condisciples de khâgne au lycée Louis-le-Grand, 1931. Au premier plan Pham Duy Kiêm et Georges Pompidou. Coll. particulière.

46. Senghor et sa seconde épouse, Colette Hubert, années 1950. © Harcourt.

47. *Black ladies*, album de photographies d'Uwe Ommer, préfacé par Senghor. Éditions du Jaguar, 1986. Premier plat de couverture. Coll. particulière.

48. Album commémoratif édité à la suite du Festival mondial des arts nègres, Dakar, 1967. Premier plat de couverture. Coll. particulière.

49. Duke Ellington saluant Senghor à l'issue du concert qu'il donna au Festival mondial des arts nègres, Dakar, 1966. D.R.

50. Michel Leiris, Aimé Césaire, Geneviève Calame-Griaule et M. Obama lors du colloque organisé autour du Festival mondial des arts nègres, Dakar, 1966. Studio Bracher. © Dakar Matin.

51. Le Musée dynamique de Dakar en 1966. D.R.

52. Mai 1911, à Dakar : embarquement de tirailleurs sénégalais. © Roger-Viollet.

53. Image à la double effigie du président Senghor et du général Toussaint Louverture (1743-1803), libérateur du peuple haïtien et victime de la répression bonapartiste. © Roger-Viollet.

54 et 55. *Anthologie de la nouvelle poésie nègre et malgache de langue française* établie par Senghor, avec une préface de Jean-Paul Sartre, PUF, 1948, collection « Colonies et empires ». Édition originale. Page de couverture et double page intérieure du sommaire – où Senghor et Césaire se coudoient. Coll. particulière.

56. Senghor en compagnie de l'écrivain américain Richard Wright, Congrès des Écrivains et Artistes noirs, Paris, septembre 1956. © Roger-Viollet.

57. Au Congrès des Écrivains et Artistes noirs, organisé par *Présence africaine* à la Sorbonne, Paris, 19-22 septembre 1956. Troisième à droite : Aimé Césaire. © Roger-Viollet.

58. Senghor en séance de signature au Congrès des Écrivains et Artistes noirs, Paris, septembre 1956. © Universal Photo / Sipa.

59. *Élégie pour Martin Luther King*. Page du manuscrit autographe. Paris, BNF, Fonds L.S. Senghor. © Succession L.S. Senghor.

60. Senghor donne une leçon de latin à son fils Philippe, durant ses vacances dans sa propriété nomande de Verson, 6 août 1969. © AFP.

61. Tiré à part d'un article paru dans *Vita latina*, n° 51, 1973. Premier plat de couverture. Coll. particulière.

62. Senghor trempant dans l'encrier une plume d'autruche, lors de la Journée des Écrivains africains à la Maison de l'Afrique, Paris, 14 décembre 1978. © Keystone France.

63. Le message du président Senghor, en ouverture du Festival mondial des arts nègres de Dakar, 1966. © Service Info Sénégal.

64. Affichette publiée à l'issue d'une allocution radiophonique de Senghor, 17 janvier 1964. Coll. particulière.

65. Le battage du mil dans la campagne sénégalaise, vers 1970. © Roger-Viollet.

66. Avec André Malraux lors de l'inauguration de l'Exposition d'Art traditionnel, au Musée dynamique de Dakar, durant le Festival mondial des Arts nègres, avril 1966 : à gauche, le professeur William Fagg, conservateur du British Museum, lauréat du Festival. Coll. particulière.

67. Femmes au travail, Sénégal, années 1970. © Dominique Jochaud.

68. Le président Senghor au micro de la radio sénégalaise, 1963. © Rue des Archives.

69. Mme Georges Bidault félicite Senghor et son épouse Ginette Éboué, lors de leur mariage en 1946. © Keystone France.

70. La famille Senghor dans le parc de Verson : Léopold, Philippe et Colette, vers 1960.

© J.C. Sauer / Paris Match / Scoop.

71. Discours de réception de Léopold Sédar Senghor à l'Académie française, mars 1984. © Gamma.

72. Conférence de Senghor à l'Institut de France sur l'enseignement du français, 25 novembre 1988. Premier plat de couverture. Coll. particulière.

73. Le « Senghor » de la collection des Éditions Seghers, « Poètes d'aujourd'hui », par Armand Guibert, 1961. Premier plat de couverture. Coll. particulière.

74. Césaire et Senghor réunis en couverture d'une anthologie de poètes francophones contemporains. Éditions des Marches latines, 25 février 1950. Premier plat de couverture. Coll. particulière.

75. « Ndissé ou Blues ». Manuscrit autographe. Paris, BNF, Fonds L.S. Senghor. © Succession L.S. Senghor.

76. Le président Senghor et le candidat François Mitterrand, 1980. © Stabile Bernard / Sipa.

77. Première conférence des chefs d'État et de gouvernement ayant en commun l'usage du français, Versailles, 17 février 1986. © Agence intergouvernementale de la francophonie.

78. Tribune d'Érik Orsenna en Une du *Monde* suite aux funérailles de Senghor, 5 janvier 2002. Coll. particulière.

79. *De gauche à droite* : Jean Ballard, Gabriel Bertin et Léon-Gabriel Gros, l'équipe dirigeante des *Cahiers du Sud*, années 1920. D.R.

80 et 81. La 279e livraison des *Cahiers du Sud*, au fronton de laquelle Senghor contribua auprès de Pierre Guerre, 1946. Premier plat de couverture et page intérieure de sommaire. Coll. particulière.

82. Senghor parmi ses collègues du lycée des Garçons de Saint-Maur-des-Fossés, 1939. Coll. particulière.

83. *L'Homme de couleur*, Plon, mai 1939. Édition originale. Premier plat de couverture. Coll. particulière.

84. À Château-Gontier, avec Claude et Georges Pompidou, 1938. Coll. particulière.

85. Au temps de l'assimilation… Afrique occidentale française, une école dans la brousse. © *L'Illustration* / Keystone.

86. Senghor, élève de première à Dakar, 1926. Coll. particulière.

87. Le cours secondaire du lycée public de Dakar, 1928. Coll. particulière.

88. 17 avril 1930, à Tours, chez les Chaigne : Senghor en compagnie de ses camarades Deville et Pham Duy Kiêm. Coll. particulière.

89. « Élégie pour Georges Pompidou ». Manuscrit autographe. Fonds L.S. Senghor, BNF. © Succession L.S. Senghor.

90. Senghor (troisième, en partant de la gauche) parmi le groupe de la *Revue du Monde noir*, début des années 1930. Coll. particulière.

91. L'écrivain guyanais Léon-Gontran Damas (1912-1978). Coll. particulière.

92. L'écrivain antillais René Maran (1887-1960). © Harlingue / Roger-Viollet.

93. En vacances dans le midi, 1936. Coll. particulière.

94. Senghor, parmi ses élèves du collège de Saint-Maur-des-Fossés, 1939. Coll. particulière.

95. Senghor en balade en France, années 1930. Coll. particulière.

96. Discours du général de Gaulle au stade Félix-Éboué, conférence de Brazzaville, janvier 1944. Coll. Roger-Viollet.

97. Senghor entourés d'écrivains négro-américains (dont, à sa droite, Richard Wright), Congrès des Écrivains et Artistes noirs, septembre 1956. Coll. particulière.

98. Dakar, séance de l'Assemblée nationale du Sénégal durant les fêtes de l'Indépendance. À la tribune, Mamadou Dia, président du Conseil. Coll. particulière.

99. Senghor, du haut de la terrasse du Palais présidentiel, s'adresse au peuple sénégalais venu le soutenir, après le coup d'État manqué de Mamadou Dia. Dakar, décembre 1962. Coll. particulière.

100. Affiche du Festival des Arts nègres de Dakar, 1966. Coll. particulière.

101. Sortie de l'Élysée à l'issue d'un visite officielle du président sénégalais à Paris. Coll. particulière.

102. Visite du président Georges Pompidou au Sénégal. Arrivée à Dakar, février 1971. © J. Cuinières / Roger-Viollet.

103. Sommet francophone de Chaillot, 19 novembre 1991. © Agence intergouvernementale de la francophonie.

104. Neuvième sommet francophone, Beyrouth, 18 octobre 2002. © Agence intergouvernementale de la francophonie.

105. Senghor et son ami Césaire à Dakar, 1973. Coll. particulière.

106. Jean-Michel Djian et Aimé Césaire, Fort-de-France, automne 2005. © Christiane Jean-Étienne.

107. Lettre d'Aimé Césaire à Senghor pour ses quatre-vingt-quinze ans, 12 octobre 2001. Dactylographie et mention manuscrite autographe. Coll. particulière.

INDEX DES NOMS DE PERSONNE, DES ŒUVRES ET DES PÉRIODIQUES

TABLE DES MATIÈRES

À la mémoire de l'ami
Dominique Jochaud, photographe.

L'ÉDITEUR

Mise en pages: Isabelle Flamigni
Photogravure: Reproscan
Achevé d'imprimer en novembre 2005 par l'imprimerie Clerc
Imprimé en France
Numéro d'impression:
Numéro d'édition: 138949
Dépôt légal: novembre 2005